JN129847

女医が教える
人生100年時代を
生きる

性の悩み相談室

富永 喜代
Kiyo Tominaga

かや書房

はじめに

「性の悩みは、若い時には友人と一緒に話せたけれど、歳を取ると恥ずかしくて誰にも相談ができません。富永先生のＹｏｕＴｕｂｅはそんな悩みを解決してもらえる好番組です。ぜひ、本にしましょう」

こんな連絡が本書の版元のかや書房さんからありました。

そうなんです。

性は人間にとって最も大切なことなのに、その悩みをなかなか口には出せません。特に、日本人にはその傾向があります。

「秘め事」という言葉が日本語にありますが、この言葉のとおり、日本では性はずっと昔からタブー視されてきました。

そのために、医師に相談すればすぐに解決できる問題、医師でなくとも友人に相談すればたちどころに心が休まるはずの悩みすら、ひとりきりで抱えたままの人は、いっぱいいます。

長い医師生活、ＹｏｕＴｕｂｅ、オンラインコミュニティ「富永喜代の秘密の部屋」などを通じて、私はその人たちの悩みに寄り添ってきました。

医師の仕事の目的は、人々を幸せにすることです。

だから、私のＹｏｕＴｕｂｅ番組が本になり、一人でも多くの方々に読んでいただき、より多くの人の悩みを解決できれば、それは医師としての私の幸せでもあります。

そう考え、かや書房さんの出版の依頼をお受けすることにしました。

本書は全部で五章構成になっています。

「第一章　ＥＤにどう対処するか?」では、中高年の男性に最も多い「勃たない」対策に関して、医学的、栄養学的に分かりやすく解説しています。

「第二章　オナニーをしよう」は、現代医学では、健康を維持するために必須といわれているオナニーについて説明しています。

「第三章　ＳＥＸを楽しむ」では中高年のＳＥＸの楽しみ方をお話ししています。

ある程度の年齢になって、性の手助けをしてくれるのが薬やグッズです。それらに関しては、「第四章　オススメグッズと薬」で述べています。

愛のあるＳＥＸをするためには相手のことをよく知る必要があります。

「第五章　女性性器について知ろう」では、女性性器のことを分かりやすく解説しました。

それは人間なら当然の願望です。本書はそんな願望を叶えるための読みやすい本を目指して書きました。

「できるなら、死ぬまでＳＥＸを楽しみたい」。

そのため、興味が沸いたどのページからでも読める構成になっています。

私の運営するＹｏｕＴｕｂｅ番組「女医　富永喜代の人には言えない痛み相談室」とともに楽しんでいただければ、嬉しく思います。

２０２５年４月

富永喜代

女医が教える

人生100年時代を生きる

性の悩み相談室

目次

第四章　オススメグッズと薬　151

装丁●冨田晃司

第一章　EDにどう対処するか？

死ぬまでセックスしたい。愛を感じながら生きていきたい。

自分らしく生きていくためには愛する人とのコミュニケーションが大切です。

会話をしたり、触れ合ったり、一緒にテレビを見たり……と様々なコミュニケーションがありますが、セックスは究極のコミュニケーションです。

夫婦喧嘩をしていた2人がセックス後に仲直りをしたなんて話は昔からいくらでもあります。

ところが、60歳、70歳、80歳……と歳を取るにつれ、男性は勃起力が弱まり、女性は更年期後、濡れにくくなります。

しかも、例えば男性の場合、「勃たなくなった」とセックスをしなくなると、男性機能が衰え、ますますセックスができなくなるのです。

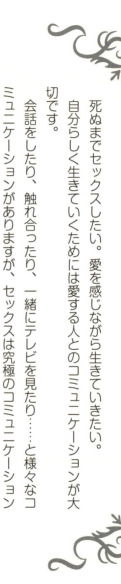

女性も同じです。セックスをしないと愛液の分泌回数も減り、濡れにくくなり、腟が小さくなって性交痛を感じるようになります。歳を取っても元気にスポーツをしている人もいれば、寝たきりになっている人もいるのと同じです。

では、歳を取ってもセックスを楽しむためにはどうすればいいのでしょうか？

一つはトレーニングです。もう一つは、血管が丈夫で肉体的に健康であることです。最後の一つが、科学や医学の力を借りることです。

第一章では、解剖学的に、そもそも男性器が勃起するのはどういう仕組みになっているのか？ から始め、健康であるための食事、そして、歳を取ってもセックスをし続けるためのトレーニング、それを助けてくれる科学や医学について、分かりやすく詳しく、楽しく説明します。

いつまでも現役！勃起力をキープする秘訣

女医が教える中高年のためのED対策

歳を取ると勃起力が弱まるのはなぜか？　それを知るためにまずは勃起のメカニズムを学びましょう。

勃起のメカニズムを知ろう

ＥＤ（勃起不全）というのは、セックスの時に、ペニスが十分に勃っていない状態を指します。特に、中高年になってくると様々な要因から勃起不全になってしまうことがあります。

私たちは人生１００年時代を生きています。年齢を重ねても、いかに充実したセックスライフを送るかにおいて、ＥＤになるというのは、その質を落とすことになるのではと考えがちです。しかし恐れることはありません。**勃起のメカニズムを知り、原因にアプローチすることで、自分のＥＤと向き合っていけるのです。**

そのためにはまず、ペニスの勃起のメカニズムを知っておきましょう。

例えば、視覚的な刺激やタッチされたり、キスされたり、フェラチオされたり、言葉を囁かれたりすると、副交感神経が刺激され、皮膚の感覚神経から脊髄、そして脳に性的な刺激が伝達されます。すると脳が興奮し、オキシトシンが分泌されます。このオキシトシンが大量に分泌されてくると、ドーパミンと呼ばれる、脳の快楽物質が大量に報酬系から分泌されます。いわゆるオルガズムです。

やがて刺激は、脳から脊髄、勃起神経をたどって、ペニスに伝わります。血管の拡張、血流の増大により、陰茎海綿体へと血流が大量に流れ込み、固く大きくなります。これが勃起のメカニズムです。

しかし中高年になると、このメカニズムに変化が起こってきます。２００５年に発表された、ウィップル博士らの報告書を見てみましょう。

その１、ペニスを勃起させるのに時間がかかるようになる。

その２、今まで以上に直接的な刺激の必要性が上がってくる。

その３、勃起しても硬くなりにくくなってしまう。

その４、精液量が減り射精の勢いが低下してくる。

その５、不応期と呼ばれる、射精後の性的刺激に反応しない時期が長くなる。

これは成人男性に一般的に起こり得るものです。ですので、中高年になってこのような変化が起こるのは悪いことではありませんし、その時が来ても慌てる必要はないのです。

「神経」、「血管」、「筋力」が重要

ちなみに、勃起に何が必要なのか、ご存じですか?

勃起を支えているのは、「神経」と「血管」と「筋力」の3つです。

バイアグラやレビトラ、シアリスなどのEDの薬で、なぜ勃起不全が改善するかというと、ペニスの血管を拡張させる薬だからです。

また、勃起には筋力も重要になります。足腰が弱ってくると、セックスが弱くなるという話は聞いたことはないでしょうか。

勃起に関係する筋肉は2つあります。ペニスの根本にある「球海綿体筋」と、ペニスの付け根から足のように2つに分岐する「坐骨海綿体筋」です。これらは骨盤底筋とも呼ばれます。この筋肉とは別に、ハンモックのようにペニスの根本を支え上げている「陰茎ワナ靭帯」と「陰茎提靭帯」があります。何もしなければ下を向いているペニスですが、性的興奮などの刺激によって、この筋肉たちが収縮し、靭帯によって次第に引き上げられてくるのです。

中高年の勃起がうまくいかなくなる原因の1つに、血管の老化もあります。タバコを吸う、動脈硬化が進む、高血圧になる、糖尿病になる――これらの要因により血管が狭くなってしまうと、特にペニスを通る陰茎背動脈は細い血管ですから、うまく勃起しなくな

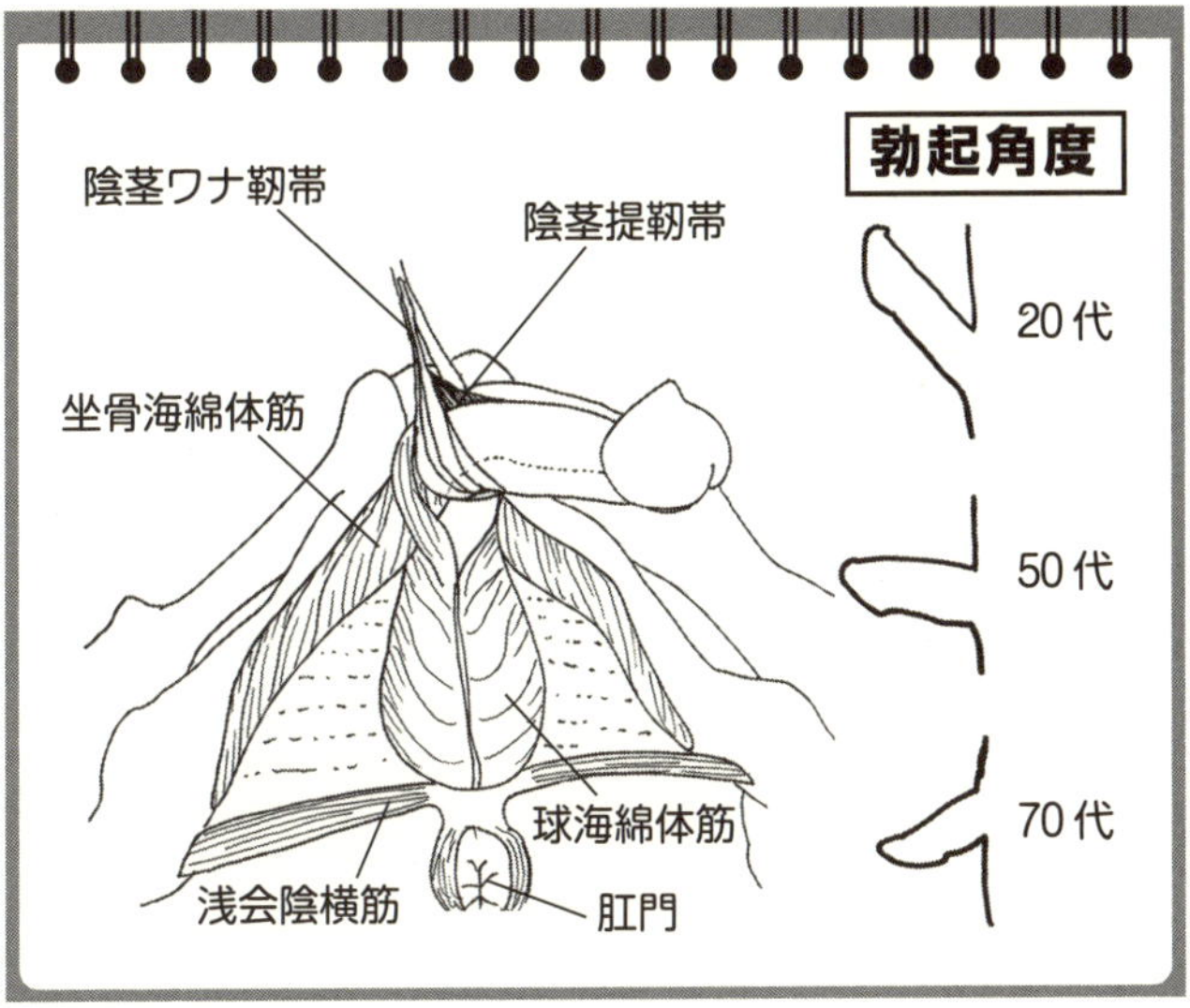

ります。

また、神経も大切です。若い時に得意だったスポーツでも、中高年になってから挑戦すると、筋肉の使い方を忘れているだけでなく、うまく反応できなかったり、怪我もしやすくなります。それはセックスも同じです。

何もしなくてもいいのは20代まで。思春期から20代にかけての時期をピークに、男性ホルモンのテストステロンもだんだん低下してきます。そのまま何もしなければ筋力も低下し、動脈硬化で血管は細くなり、神経反射も低下してしまうのです。ですから、この３つをバランスよく整えておかないと、自分が思うタイミングで、気持ちのいいセックスができなくなるのです。

女医が教える 中高年のためのセックス講座

あと5分、射精を我慢できるコツ 今すぐできる早漏タイプ別解決策

最新の研究によると、早漏対策に効果的なのは勃起力を高めること。ポイントは「血管」と「筋肉」です。

血管にはED治療薬が効果的

病気でもないのに、射精するまでの時間が早すぎる、遅すぎる、というのは、気にされる男性の方々も多いのではないでしょうか。今回は、早漏の原因と対策について医学的に分かりやすく解説します。

そもそも早漏の原因とは何でしょうか。大きくは3つあります。

まずは①「血管」。人体の中で最も細い血管といわれている陰茎背動脈や、ペニス周辺の血管が該当します。原因がどこにあるかが分かれば、対策も立てやすくなります。次が②「筋肉」です。筋肉といっても骨盤底筋と呼ばれる筋肉で、骨盤の底にある筋肉群の総称のことです。そして3つ目が③「神経」です。

まず早漏対策でできることのが①「血管」です。

血管については、ED治療薬が早漏に効くという研究結果があります。早漏とEDは相反し

ているではないかと思われるかもしれませんが、アベルサ・アントニオらの研究（International Journal of Impotence Research、2009年）では、次のように報告しています。

彼らは早漏改善としてＥＤ治療薬のレビトラを使い、実験を行いました。早漏の自覚がある男性と恋人40組を対象とし、うち30組は最初の８週間、毎回セックスの前にレビトラ10ミリグラムを飲んでセックスしてもらいます。残り10組には偽薬を与え、同じようにセックスします。その後４週間、今度は30組のほうに偽薬を、10組のほうにレビトラを処方し、計12週間でどうなるかを検証したのです。

結果は、実験前は腟に挿入してから射精するまでの時間が全員１分以内だったのに対

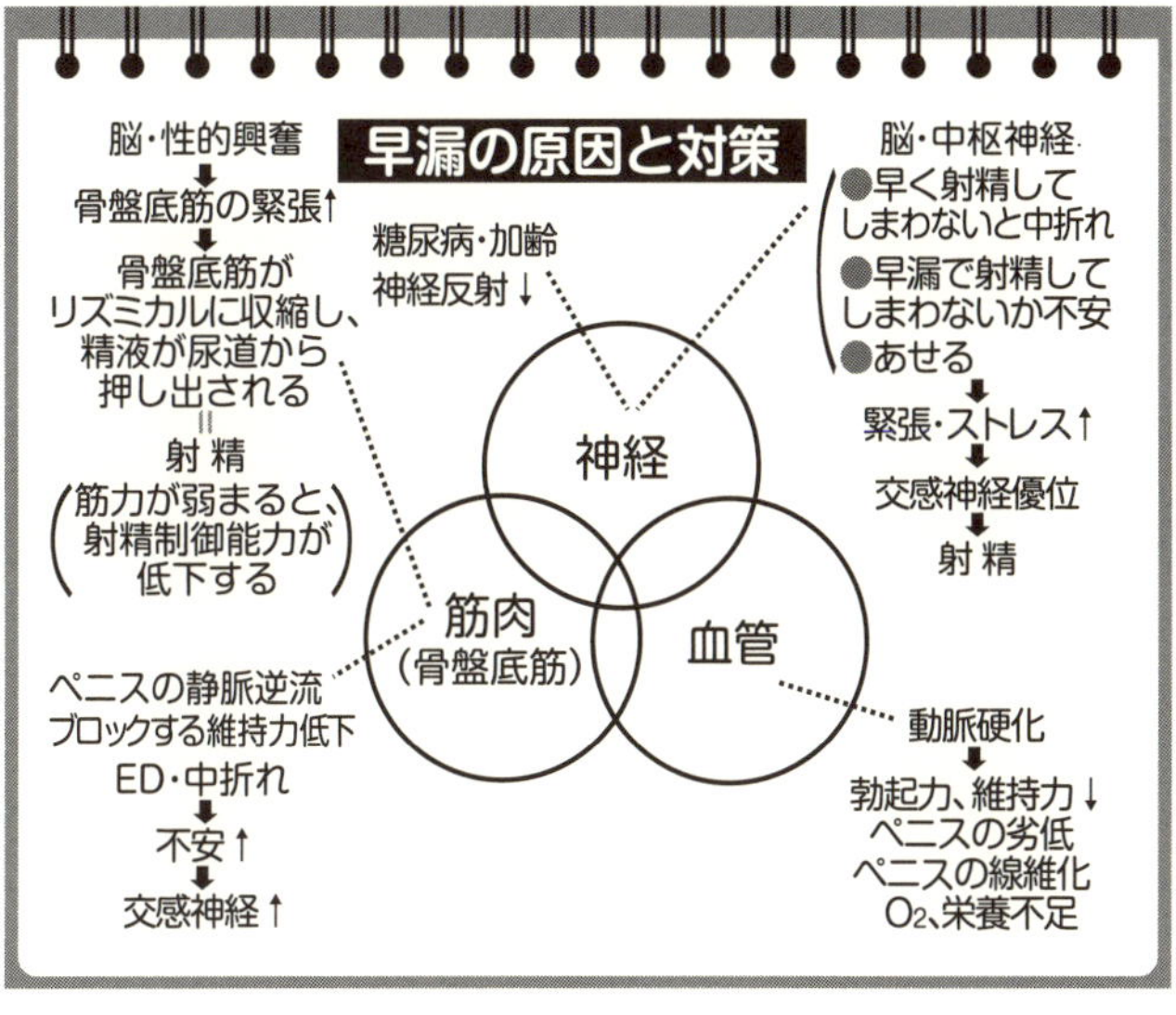

し、最初にレビトラを飲んだ30組は8週間で挿入時間が4、5分に、その後偽薬に変えた4週間でも約3分に伸びたという結果となりました。

一方、10組の方は、偽薬を飲んでいた8週間の間は実験前とほぼ時間は変わりませんでしたが、レビトラに変えた4週間から射精するまでの時間が2分に伸びました。

以上より、レビトラを毎日服用すると、挿入から射精するまでの時間が増えるだけでなく、服用をやめてもしばらくは効果が持続すると分かりました。

また、毎日セックスをすることでペニスの血管を押し拡げる回数が多くなり、そのことも早漏改善に効果があったと分析できます。

ちなみに、他の血管を広げるバイアグラやシアリスなどのED治療薬についても同じ効果があると考えられます。

骨盤底筋には「ラブコア」

次に②筋肉、骨盤底筋です。そもそもなぜ、早漏改善に筋肉が大切なのでしょうか。

性的な刺激や興奮が来た時、脳の性中枢と呼ばれるところが興奮して脊髄に伝わり、さらに末梢神経、筋肉へと伝わります。すると、骨盤底筋を緊張させます。この骨盤底筋の筋緊張こそが、射精感の高まりの正体です。

骨盤底筋が急速に緊張しすぎないように、意図的に、意識的にリラックスできれば、射精するまでの時間を遅らせることができるというわけです。そのために骨盤底筋を鍛えるのです。

しかし、骨盤底筋は表層筋ではなく、体の深部、骨盤の奥にある筋肉で、ピンポイントに鍛えることが非常に難しい筋肉の１つです。ですので、当院のＥＤ外来では、「ラブコア」を使っています。50ミリアンペアで、12万５０００ヘルツのパワーが出るパッドを、男性の場合は、ペニスの付け根の左右と肛門の左右に付けます。ラブコアは広域変調波ですから、体表の皮膚刺激を干渉し、強いパワーでもＥＭＳ特有のピリピリした痛みを感じません。しかも骨盤深部まで届き、電気刺激でしっかりと骨盤底筋を鍛えます。

また、血管の話ではＥＤの治療薬を使う話をしました。薬には頼りたくないという方や、ニトログリセリンを服用されている方、狭心症や心不全を患っている方などは薬が服用できません。そういう方々には「ビガー（Ｖｉｇｏｒ）２０２０」、陰圧式の勃起補助具が有効です。ビガーもペニスの血管を広げる働きがあり、ペニスに酸素や栄養が送り込まれます。ＥＤの改善効果はもちろん、ペニスが大きくなった、勃起力が改善した、バイアグラの効き目が強くなった、性欲がアップした、早漏が改善した、中折れが改善してきたなど、ペニスにとって好ましい効果が報告されています。

60代からのセックス～バリバリ現役！
死ぬまでセックスできる生活習慣とは？

女医が教える 中高年のためのセックス講座

豊かな性生活を送るために大切なのは、食事です。栄養とセックスに関してお話します。

セックスが強くなる食事は？

人生100年時代。しかし性機能はだんだん衰えてきます。豊かな性生活を送るうえで気をつけるべき生活習慣とは何か？ それについてお話ししていきます。

まず食事や栄養についてです。性機能を維持するのに、身近な食材でお薦めするのは牡《か》蠣《き》です。亜鉛を多く含み、たんぱく質まで取れる優秀な食材です。その他、熟成黒ニンニクやニラなども有効です。アリシンを豊富に含み、精力アップが期待できます。

食べ物以外にサプリを活用してもいいでしょう。精子のアンチエイジングや精力増強につながる、亜鉛やマカなどがお薦めです。ちなみに私の場合は、レスベラトロールとアスタキサンチンを飲んでいます。レスベラトロールは赤ワインなどに入っている成分で、アスタキサンチンは肌つやといった細胞の若返りの効果があり、どちらも動脈硬化を防ぐのに有効です。

動脈硬化を防ぐのは非常に重要なことです。なぜなら動脈硬化は、男性の悩みの1位であるＥＤの大きな原因になるからです。

ペニスの先に通っている陰経背動脈を含む動脈は、人体の中で最も細い動脈です。さらに心臓から遠く離れているため、動脈硬化の影響を受けやすいのです。脳卒中や脳梗塞、心筋梗塞を起こす前触れとして、勃起不全が起きるという事例もたくさん報告されています。ですから動脈硬化を防ぐことは、ＥＤ予防にとても有効なのです。

ちなみに今、精力維持に効くといわれているのは「地中海料理」です。世界で一番セックスしているのはギリシャだという研究報告があるほどで、それには食生活も関係しています。理由の1つは、オリーブオイルを使用しているからでしょう。オリーブオイルには、動脈硬化予防や抗酸化作用があります。また、塩分を控えて動脈硬化や高血圧、生活習慣病を防ぎ、ミネラルやビタミンたっぷりの季節のフルーツを摂取するのも、長い目で見れば、寿命はもちろん、セックス寿命を延ばすことにも有益です。

人生で最高のセックスは何歳？

次にデリケートゾーンの悩みについてです。膣のニオイについては、クンニリングスにかかわりますし、相手にもなかなか聞けないことでしょう。

私の行ったアンケート調査によると、男性131人、女性73人のうち、男性側は39パーセントが、女性側は62パーセントが、腟のニオイが気になると答えました。

特に更年期以降、女性の体の中では、エストロゲンという女性ホルモンが激減してしまいます。その結果、性欲ダウンに加え、腟内の善玉菌が減って悪玉菌が増え、ニオイの原因になるのです。そういう時は、腟の乳酸桿《かん》菌《きん》、善玉菌を含むエストラジェルを塗り込んでマッサージし、善玉菌を補給して対策するといいでしょう。

また、私はこれまで性交痛の悩みを抱える8000人以上の患者さんを診断してきましたが、男女ともに性交時に痛みを感じるという悩みも多いです。

女性の場合、中高年以降は女性ホルモンの減少により濡れなくなって痛みを感じることがあります。また、若い世代の人でも、パートナーの乱雑なスキルや独りよがりなセックスで痛みを感じている人もいます。

男性の場合も、痩せてくると恥骨に当たって痛みを感じたり、糖尿病や加齢にともない皮膚粘膜が薄くなり、摩擦に弱くなったりします。そんな場合は潤滑剤やローションをうまく使うといいでしょう。

あなたの人生最高のセックスは何歳かと、オンライン調査を行いました。

皆さん、若くて元気だった20代や30代の頃のセックスが最高じゃないかと思っていませ

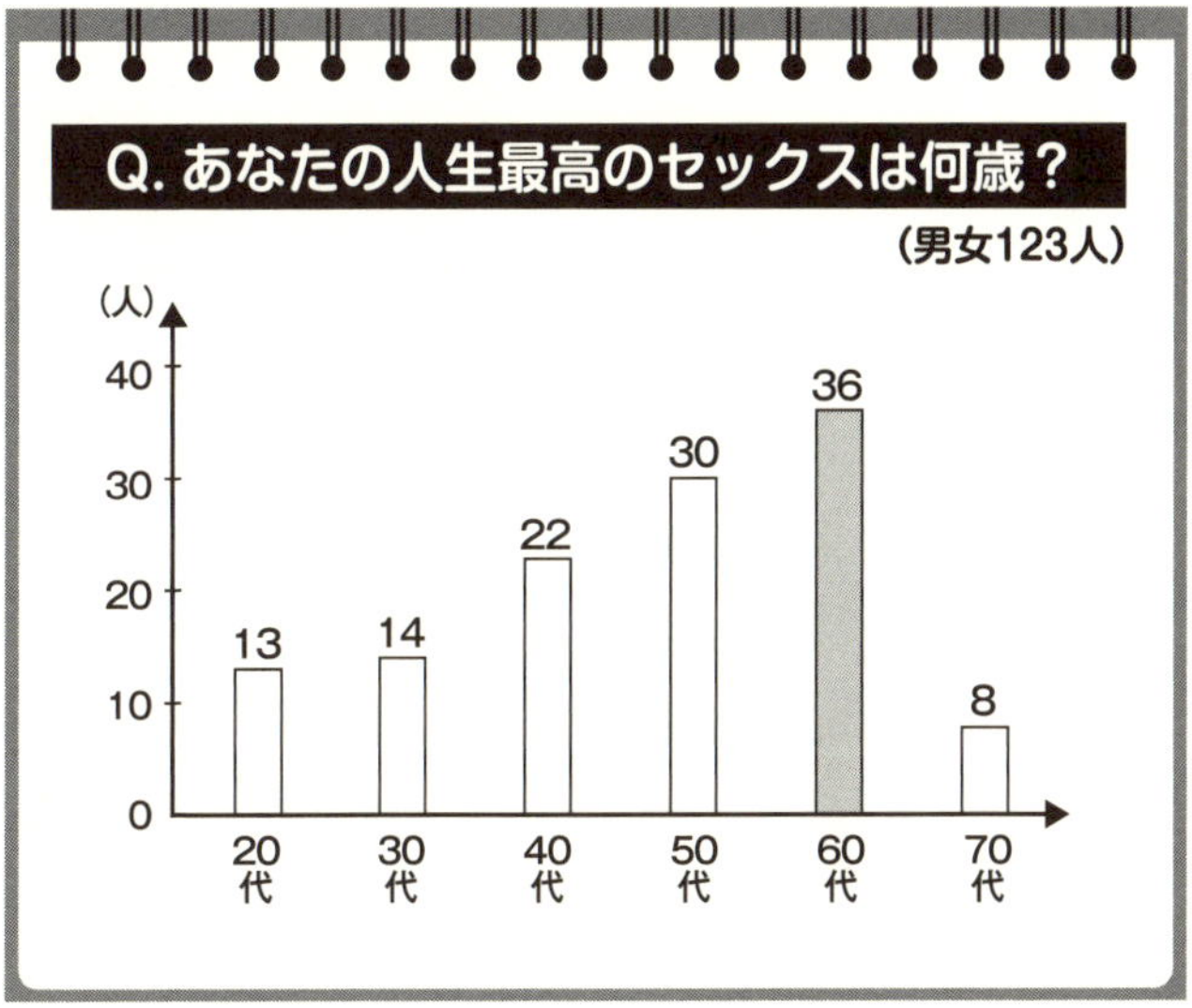

んか？　しかし、現代の中高年の多くは、今が最高だと考えています。精力や勃起力が強かったという理由で20代を思い浮かべる人もいます。一方で40代以降を選択した方々は、それ以上に自身のセックステクニックが上がり、相手に満足してもらえるようになったと答えています。今セックスができるパートナーがいて、それが人生最高のセックスだと。今の自分が一番いい、今の私が一番いいと考えている人が多いのです。

「死ぬまでセックス」は幻想ではありません。今、この瞬間、今を生きるセックスであることこそが、人生最高のセックスではないかと私は考えます。

「挿入前に萎えてしまう」ED克服法～前の男と比べられてる？ 気になるアナタ、要注意！

女医が教える
中高年のためのセックス講座

快楽よりもストレスが勝ると勃起は持続しません。勃起を持続させるトレーニングを教えます。

勃起が持続しない原因は？

性的刺激があって、興奮して、前戯があって、さあ挿入だという時に萎えてしまう。そんな悩みが、中高年になるととても増えます。

脳が性的刺激を感じると、脳から脊髄、脊髄からペニスの血管、海綿体と刺激が伝達し、勃起現象を起こします。しかし前戯の時に、相手に下手だと思われたくないなど、自分の快楽を置いてきぼりにしてしまうと、**性的な興奮が継続しなくなります。**快楽よりストレスやプレッシャーが勝ると、副交感神経よりも交感神経のほうが興奮してくるのです。

交感神経というのは、全身の末梢血管を収縮させる働きがあるため、ペニスの血管も収縮し、結果、萎えてしまうのです。

では興奮を持続させるにはどうすればいいのか。少しの気持ちの切り替えや訓練でできるようになります。痛みの世界では**「マインドフルネス」**という言葉をよく使いますが、

マインドフルネス ＝ 身体の五感
（視・聴・嗅・味・触覚）に
神経を集中させて、
あるがままに
今の感覚を味わうことで、
雑念にとらわれず、

今を楽しむ。
心を満たす。
↓
●セックスの快楽↑
●人生が豊かになる。

認知行動療法という方法を使って、セックスの快楽をワンランク上に押し上げていきます。

「こうなったらどうしよう」「ああなったら嫌だな」と思うことは誰にもあります。しかし、そのように暗示をかけ続けると、ストレスが大きくなります。このストレスは〝自分の脳〟が感じていることなのです。だからこそ、「でも今はそうなってないよね？」と、脳に気づかせてあげることが重要なのです。

分かりやすい事例として、ある患者さんのお話をします。

彼は70代、奥さまも同年代で、奥さまの母親の介護を2人でしていました。90代になる義理の母親のおむつ交換、洗濯物、食事の介助などを2人ですべて行っていました。

老老介護です。もともと人付き合いが得意で、ゴルフ友達もたくさんいる方でしたが、介護が始まってからは家から出る時間があまりありません。腰痛も起こりました。

介護一色になっていることを心配した友達が、久しぶりにゴルフに誘ってくれ、一緒に行くことにしました。しかし、彼はまったく楽しめなかったと言います。

心と体を切り離せなくなっていたからです。お昼が近付いてくると、今頃奥さまがご飯を一人で食べさせていて大変だろうとか、日が暮れてきたら、今頃洗濯物を取り込んでいるなとか。

これではストレス解消になりません。体はゴルフをしていても、気持ちや心は全部家に置いてきてしまっているわけです。スイングしていても、頭では常に介護の算段をしているのです。

そこで、認知行動療法に基づき、私は彼に次のようにアドバイスしました。

「ゴルフに行くのはいいことです。でも一打一打を丁寧に、集中してやるようにしましょう」。

ストレスや不安になることばかりを考えていると、脳の中の扁桃体が暴走してしまい、どんどん大きくなってしまいます。勃起不全も同じです。一挙手一投足を、今、この瞬間にかけるのです。眼の前の相手に、今、感じている快楽に集中するのです。

性と人生を豊かにする方法

しかし、理屈で分かっていてもすぐに実践できません。そこで認知行動療法の出番です。日常の、目をつぶっていてもできることから始めるのです。例えば、歯磨きは毎日のルーティンの1つですが、歯を磨くことのみに集中してみましょう。1本1本、歯を丁寧に磨き上げる。一生懸命やったとしても5分程度でしょうか。その間、ストレスの原因となる思考をいったん切ってみるのです。

ストレスの原因の大きさを脳で過大評価しないこと。これがポイントです。でないと、歯を磨いていてもひげを剃っていても、不安がどんどん大きくなってしまいます。

前戯も同様です。キスしたり、抱きしめたりと自身の快楽や楽しみを感じるようにします。前戯なら前戯に集中してください。そうすればパートナーも喜ぶし、自分自身のセックスライフが根底から変わります。

視覚、聴覚、嗅覚、味覚、触覚と体の五感すべての神経に集中しましょう。そして、あるがままの、今の感覚そのものを味わい尽くすことで、雑念にとらわれず、この瞬間を楽しめます。そして、心を満たして、過大な不安やストレスから自分自身が解放されて、セックスの快楽を楽しむことができる。その結果、人生が豊かになるのです。

女医が教える
中高年のためのセックス講座

ドピュッと激噴射！～射精力をつける筋トレ～
ケーゲル体操でセックス筋を鍛える

射精時の噴出力や勃起力を高めることができるのが、骨盤底筋。それを鍛えるのがケーゲル体操です。

ケーゲル体操をご存知ですか？

骨盤底筋とは何か？　それは勃起と射精を司り、精液の噴出に直結する筋肉です。大事なのは前立腺です。さらに前立腺が分泌する前立腺液がないと、精液ができません。

もう一つは睾丸です。精子を作る臓器です。そして射精の時には、交感神経、つまり闘争の時に使う神経が働きます。戦ったり、緊張したり、攻撃を与える時の神経です。

ですから、勃起力と射精力は、自律神経の総合力として一体的に訓練してないと、どちらか一方が落ちても、うまい、スムーズなセックスと満足感が得られにくいのです。

その骨盤底筋を鍛える「**ケーゲル射精**」を皆さんはご存知でしょうか。

これは**アメリカのアーノルド・ケーゲル博士が考案した体操（ケーゲル体操）をした後、オナニー、射精をするまでの一連のトレーニングのことをいいます。ちなみにケーゲル体**

操は、出産後の骨盤矯正をはじめ、腰痛や尿失禁などにも効果があり、女性の方はもその名前をご存知かもしれません。

ケーゲル体操の一番のポイントは骨盤底筋を鍛える体操であることです。骨盤底筋は射精時の噴出力いわば射精力に関わり、勃起力にも影響します。そこを鍛えることができればセックス力がアップするというわけです。

ケーゲル博士はある体操、トレーニングを考案し、実験を行いました。

サマセットナフィールド病院の報告をご紹介しましょう。平均年齢59歳、55人を対象にトレーニングをしてもらったところ、75パーセントもの方に勃起力の改善が見られたというのです。トレーニング内容は、博士が考案した体操を10回繰り返した後に、オナニーを開始し射精するというものです。これを週3回以上行い、4～6週間継続すると、その効果が発現しました。

ひとりでできて、地道だけれども非常に効果が高いケーゲル体操とは一体どんな体操なのか。そのやり方を詳しく紹介しましょう。

自分に合った対策をすぐに！

まずは踏ん張りが効く場所で仰向けになります。どこでもいいですが、ベッドの上のようなふわふわした場所は踏ん張りが効かないため、カーペットやヨガマット、畳の上などがいいでしょう。次に肩幅分ほど足を広げて、膝を立てた姿勢になります。

骨盤底筋の1つ、肛門周囲の筋肉から骨盤底筋全体を鍛えられるのがケーゲル体操の一番のポイントです。キュッと肛門を締める感じで、腰をぐっと持ち上げていきます。胸とお腹、膝が一直線になるような体勢を意識し、肛門をグッと締めるイメージで、3カウントほどキープします。その後、ゆっくり息を吐きながら腰を下ろし、肛門も緩めましょう。これが1セットです。

肛門周囲の筋肉を鍛えながら血流をアップさせ、骨盤底筋を柔らかく、そして筋力アップを行います。これを10セット行った後で、オナニーをするのがケーゲル射精であり、勃起力や射精力をアップさせます。

ただし、体操を10セットやった後にオナニーを週3回以上するというのはしんどいと感じる方もいらっしゃいます。

そんな方々は骨盤底筋を直接鍛えられるEMSを利用するのもお薦めです。一般的な肩こりなどに使われる通常のEMSは20ミリアンペアなのに対し、私がお勧めしている「ラブコア」は48～52ミリアンペア。また一般的なものは50～2000ヘルツに対して、ラブコアは12万5000ヘルツ。ラブコアは出力の周波数が桁違いに高いのです。

この強さがあるからこそ骨盤底筋まで届き、筋肉の収縮弛緩を起こしていきます。広域変調波にすることによって、皮膚の抵抗を少なくしてインナーマッスルまで届くむのです。

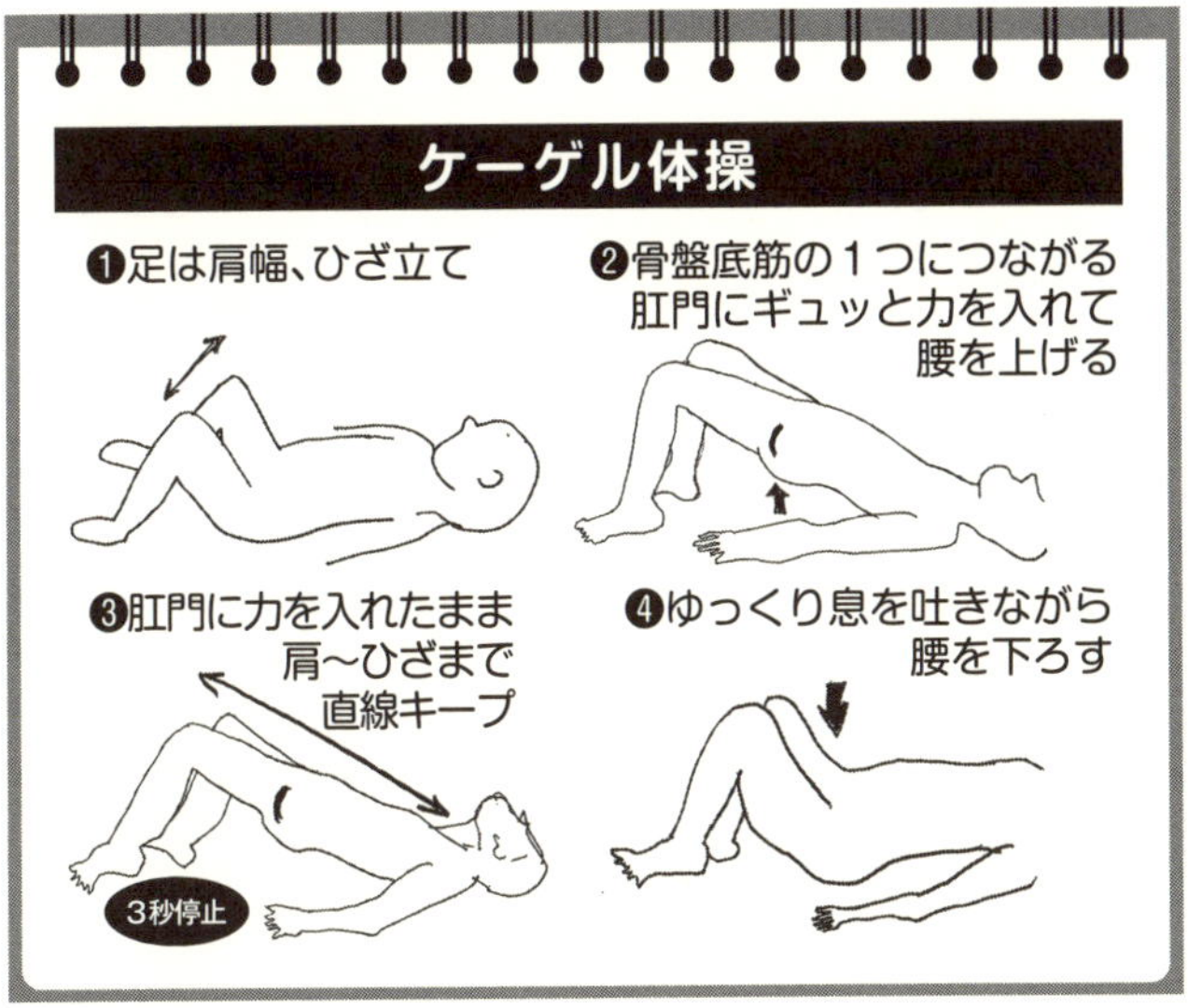

ケーゲル体操はほぼ毎日、大体20分以上必要です。しかしラブコアなら1日10分、付けたまま、テレビを見ながら鍛え上げることができます。男性でも女性でも、尿漏れや頻尿、膣の緩み、お湯漏れ、そして男性の勃起力低下、こういう悩みをお持ちの方々にお薦めしています。

医療機関にはいろいろな対策があります。自分に合った対策をぜひ見つけてください。何もしなければ性機能は劣化します。性の対策は早いほうがいいのです。できることから一歩踏み出してみませんか。

60代、70代でもギンギン勃起！生涯現役でいる秘訣

女医が教える中高年のためのセックス講座

年齢別の勃起不全のパーセンテージを知り、自分のＥＤ度をチェックしてみましょう。

年齢別ＥＤの有病率は？

そもそも勃起不全とはどのような症状でしょうか。ペニスの十分な硬さが得られない、柔らかくなって抜けてしまう、勃起が長続きしない、こういう状態のことをいいますが、程度は人により違います。

欧米7カ国で実施した、50歳から80歳までの１万２８１５人を対象とした調査によると、世代別の有病率は、50代は30・１パーセント、60代は51・１パーセント、70代は75・6パーセントとなりました。50代では３人に１人が、60代では２人に１人が、70代では４人に３人がＥＤに悩んでいる結果となり、年齢とともに有病率も上昇しているのが分かります。

日本人の調査を見てみても、欧米とほとんど変わらないデータでした。

年齢とともにＥＤが増加するのは自然なことです。だから、ここで注目すべきは、有病

率ではなく無病率の方です。70代になっても、4人に1人は勃起不全ではないのです。死ぬまでセックスができる、現役でいられるようにするために、自分が有病の枠に入らないようにするということが大切なのです。

ＥＤの原因を見ていきましょう。『ＥＤ診療ガイドライン第3版』（一般社団法人日本性機能学会）によると、「肥満」「運動不足」「喫煙」「加齢」「糖尿病」「心血管症患「高血圧」「うつ病」「テストステロンの低下」「慢性腎臓病」「神経疾患」「手術」「外傷」「薬物」、これらがリスクファクターとなっています。

重要なのは可変可能因子、つまり自分でコントロールできる因子の方です。「加齢」はどうしようもないですが、「肥満」などはコントロールできます。ダイエットに励む、運動不足を解消する、禁煙する。これらが自分ができる有効なＥＤ対策なのです。

自己診断テストをしましょう

ここでＥＤの簡単なチェック方法を紹介しましょう。

直近6カ月のあなたの状態について5つの質問をします。回答を選択し、最後に点を合計してください。これは『SHIM(Sexual Health Inventory for Men)』といわれるセルフチェックで、実際に外来でも使われている簡便ですが有効な検査です。

ではやってみましょう。

質問1●勃起してそれを維持する自信はどのくらいありますか

回答●非常に低い（1点）、低い（2点）、普通（3点）、高い（4点）、非常に高い（5点）

質問2●性的刺激によって勃起した時、どのくらいの頻度で挿入可能な硬さになれましたか

回答●セックスをしていない（0点）、ほぼ挿入できなかった（1点）、たまに挿入できた（2点）、時々挿入できた（3点）、ほぼ挿入できた（4点）、毎回挿入できた（5点）

質問3●セックスの時、挿入後はどのくらいの頻度で勃起を維持できましたか

回答●セックスをしていない（0点）、まったく維持はできなかった（1点）、たまに維持できた（2点）、時々維持できた（3点）、半分以上は維持できた（4点）、毎回維持できた（5点）

質問4●セックスを終了するまで、勃起を維持するのはどのくらい困難でしたか

回答●セックスをしていない（0点）、維持できなかった（1点）、とても困難だった（2点）、困難だった（3点）、やや困難だった（4点）、最後まで維持できた（5点）

質問5●セックスの時、どのくらいの頻度で満足できましたか

回答●セックスをしていない（０点）、まったく満足できなかった（１点）、たまに満足できた（２点）、時々満足できた（３点）、半分以上は満足できた（４点）、毎回満足できた（５点）

５つの質問の合計点を計算したら左を参照してください。

１～７点●重症ＥＤ
８～11点●中等症ＥＤ
12～16点●軽症～中等症ＥＤ
17～21点●軽症ＥＤ
22～25点●ＥＤではない

いかがでしたでしょうか。このように21点以下の方はＥＤに分類されることになります。とはいえセックスを諦める必要はまったくありません。運動やオナニーで性機能の訓練はできますし、中折れ対策にはＥＤ治療薬もあります。

また、ＥＤでなくともペニスのアンチエイジングをしたい人には「ビガー（Ｖｉｇｏｒ）２０２０」があります。

ビガーは厚生労働省が承認している陰圧式の勃起補助具です。シリコンの穴にペニスを挿入し、10分間、軽く陰圧をかけます。血管を拡張させ、海綿体に血液を流し込み、ペニスのアンチエイジングに役立ちます。

60代からの勃起・射精 ～死ぬまでセックス～
ギンギン現役でいるために！

女医が教える
中高年のための
セックス講座

実は勃起と射精は、働く神経がまったく異なります。
勃起と射精の仕組みについて学びましょう。

勃起と射精は異なる働き

医学的に勃起というのは、ペニスの血管が拡張し、海綿体が太くなって硬くなる様子を指します。一方、射精というのは、精液が体内から体外に射出《しゃしゅつ》される様子を指します。両者は一連して繋がっているように感じますが、実は働く神経がまったく異なります。**勃起は副交感神経、そして射精は交感神経が司っています。**

副交感神経とは、リラックスしている時、眠くなっている時など、ゆったりしている時に働く神経です。反対に交感神経とは、心臓がバクバクするような、闘争の神経です。「頑張るぞ」「これから戦うぞ」「走って逃げるぞ」、そういう時に働くのが交感神経です。

勃起のメカニズムを見てみましょう。性的な刺激が加わった時に、副交感神経が興奮して、ペニスの血管内皮細胞から一酸化窒素（NO）が放出されます。これは血管拡張の

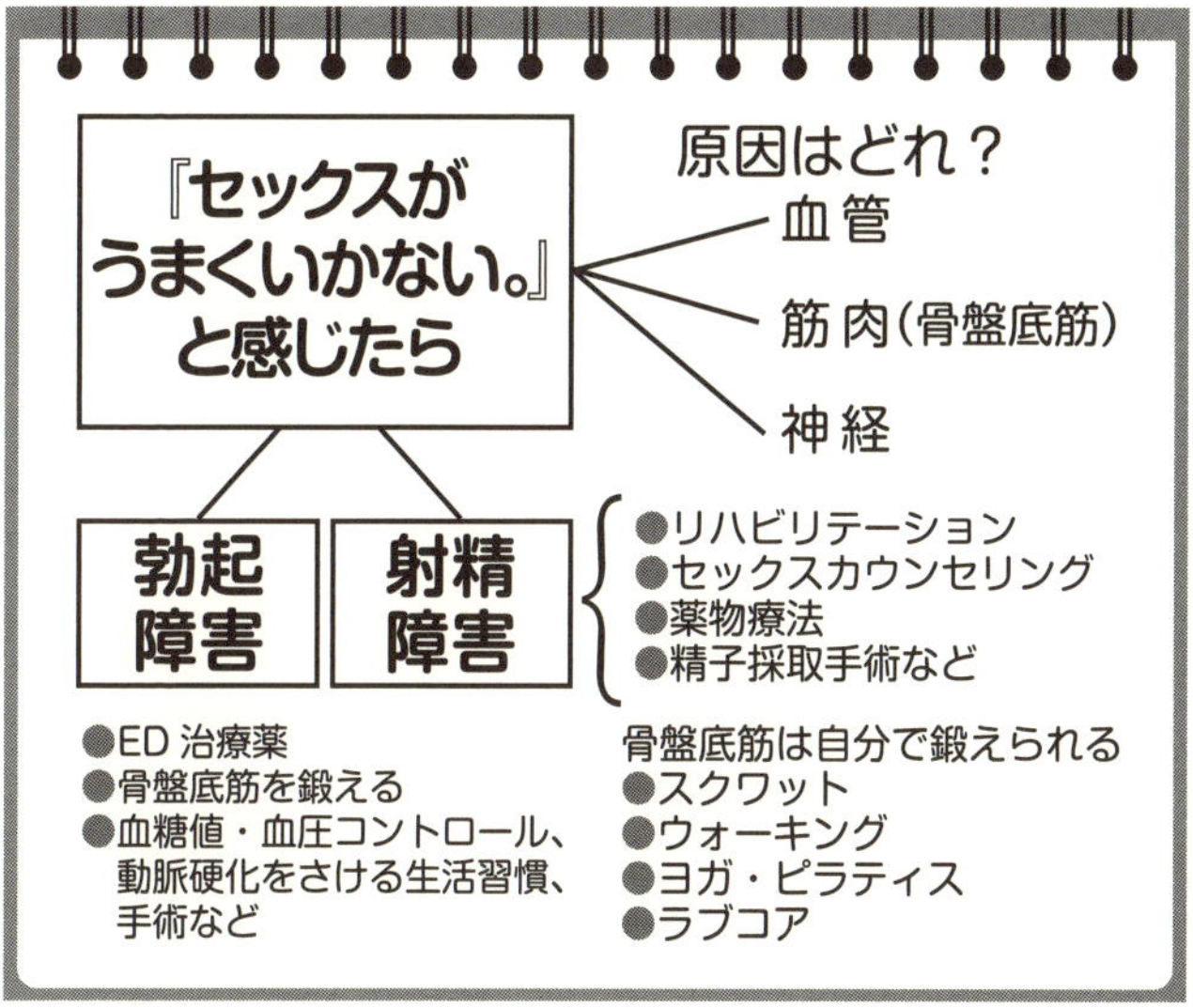

物質で、それにより血管が拡張し、陰茎海綿体に血液が流入してきます。さらに、球海綿体筋や坐骨海綿体筋という筋肉が収縮することによって、ペニスの根本をキュッと絞り上げ、内圧が上がり、ペニスが硬くなって持ち上がってくる。これが勃起です。

若い時は、ペニスがおへそに付くぐらいだったのに歳を取って角度が小さくなってきたのは、筋力の低下に加えて、ペニスをつり下げている陰茎提靭帯、陰茎ワナ靭帯が加齢に伴い、緩んでくるからです。ハンモックみたいに支えている靭帯が緩んでくるのですから、いくら血管が怒張して大きくなって、そして筋力で締め上げても、持ち上がらないのです。靭帯のたるみが、ダイレクトに影響しているわけです。

続いて、射精のメカニズムについてです。射精する時には、交感神経が働かなければいけません。これが下腹神経に伝わって、3つの段階を経て射精に至ります。

「エミッション」、「膀胱頚部の閉鎖」、「精液が尿道へ押し出される」。この3つで射精は成り立っています。エミッションというのは、精子、精嚢の分泌液、前立腺液が混ざり合って、前立腺の中に流入することです。次に、膀胱に向かってその液が逆流しないように尿道につながる膀胱出口の筋肉がキュッと閉まります。これが膀胱頚部の閉鎖です。そして、筋肉がリズミカルに動いて、精液が尿道を通って、外に噴出されます。

このように、神経と血管と筋肉の3要素がうまく連動し働き合って、初めて勃起と射精ができるのです。

逆に、心因性ストレス、前立腺周りの神経の損傷、中枢神経に働く薬の服用、脳梗塞やうつ病などで神経の働きが鈍くなったり、糖尿病や高血圧、狭心症、動脈硬化などで血管に問題が発生したり、肥満や骨盤底筋郡をはじめたとした下半身の筋肉の劣化などがあると、勃起と射精がうまくいかなくなるのです。

勃起障害なのか射精障害なのか

最近セックスがうまくいかない、衰えてきた気がすると薄々感じている方は、射精がうまくいかないのか、それとも勃起がうまくいかないのか、どちらであるかを考えてみましょう。血管ですか？　筋肉ですか？　それとも神経ですか？　どこが原因であるかを考えることは非常に重要です。

そして、勃起障害か射精障害かで対策が違ってきます。

勃起障害なら、診療のガイドラインにもあるように、まずは食生活や生活習慣の見直し。それでもダメなら、ＥＤ治療薬を選択します。日本では、バイアグラやレビトラ、シアリスがあります。他にも骨盤底筋を鍛えたり、血糖値や血圧をコントロールするなど、血管や神経に気を使いましょう。

勃起はするけれども、射精障害があるというなら、セックスカウンセリングを受けたり、リハビリテーションや薬物療法などがあります。射精ができなくても子供が欲しいという方は、精子の採取手術という方法もあります。

中でも骨盤底筋は自分で鍛えられるというのが一番のポイントです。神経を鍛えるというのは難しいですし、血管を若々しく保つといっても、食事や運動、生活習慣改善、ストレス軽減とかなり大変でしょう。

しかし筋力、骨盤底筋なら自分の意識で変えられます。スクワット、ウォーキング、ヨガやピラティスなんかもいいです。運動がしんどいと感じる方は骨盤底筋を鍛える「ラブコア」など専用の器具もあります。

バイアグラを飲んでもダメならどうする？
勃起力再生～薬に頼らないED治療

女医が教える中高年のためのED対策

EDの薬は勃起不全には非常に効果的です。しかし持病などで飲めない場合はどうすればいいのでしょうか？

持病でED薬が飲めない場合

狭心症などでニトロ製剤を飲んでいる人は、非常に低血圧になるという理由からEDの薬（PDE5阻害薬）は飲めません。しかしながらそうでない方には、非常に効果的です。PDE5阻害薬の良いところは、行為の前、空腹時に飲めることです。

これからセックスへの流れになりそうという時、こっそり飲んでおくだけでよく、薬を使っていることが相手にバレません。

ただし、高血圧や糖尿病の人は、PDE5阻害薬であるバイアグラやレビトラ、シアリスを飲んでも、およそ3割ぐらいの人が勃たなかったという報告もあります。

そういう人たちは骨盤底筋を鍛えることで改善されます。もちろん薬を飲むことができる方にもお勧めです。

バイアグラやレビトラ、シアリスを飲めば、ペニスの血管が広がり勃起力が上がります。

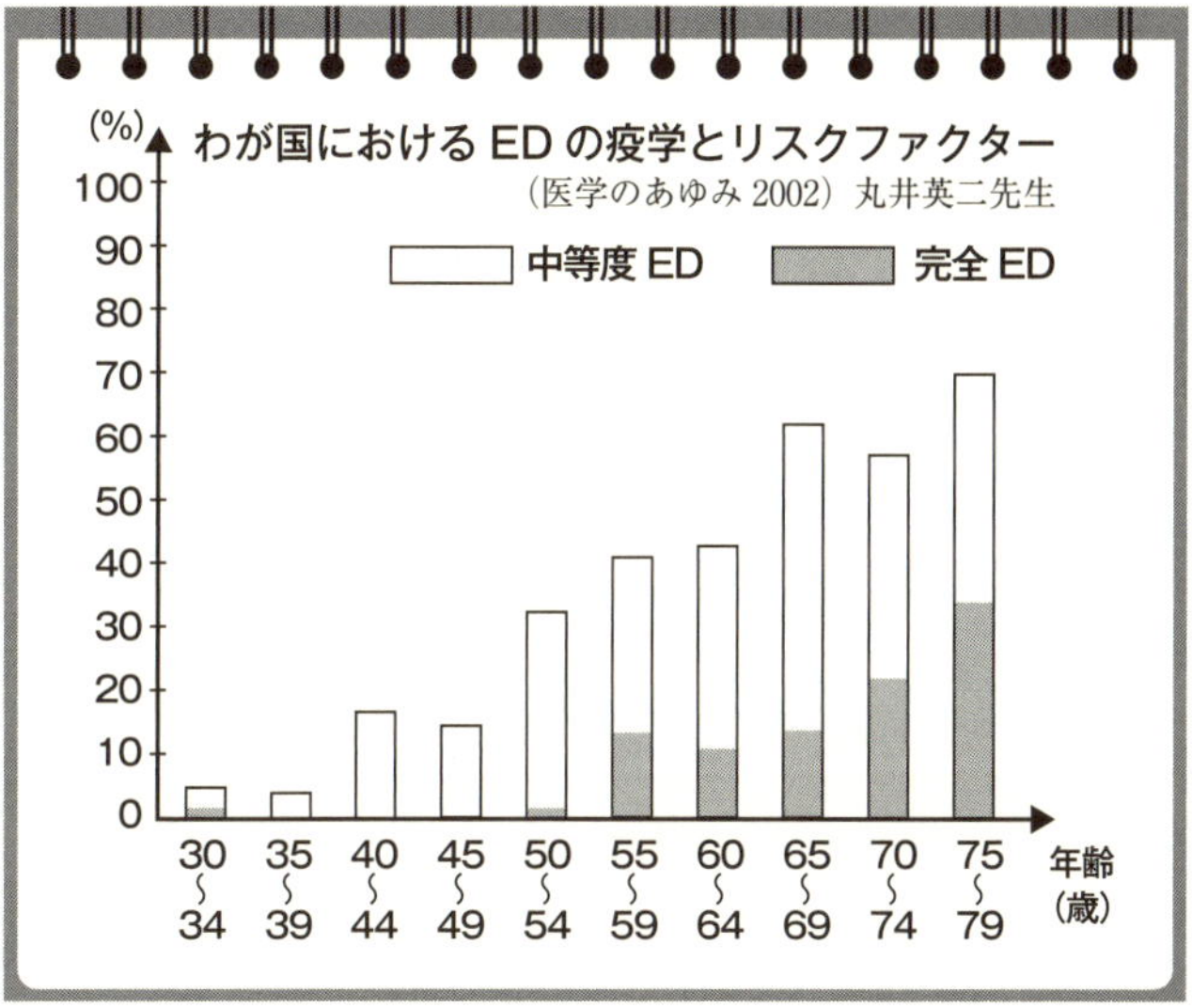

それに加えて、骨盤底筋を構成する坐骨海綿体筋と球海綿体筋を鍛え上げることによって、勃起時の勃ってくる角度、持ち上げる力も鍛えることができます。

またＥＭＳの「ラブコア」なら寝ている間でも鍛えられます。

さて、最初は勃起しても、あまり硬くならず中折れしてしまうという人もいます。そういう方はどうすればいいでしょうか。

勃起が続かないケースは？

勃起させることは血管を広げることであり、ペニスの血管を拡張させるＰＤＥ５阻害薬のバイアグラやレビトラ、シアリスが効果的です。しかし、それを維持できるかどうかは別の問題です。中折れというのは、勃起を維持できない状態ですが、それに関わってくるのは、先ほども述べてきた骨盤底筋なのです。

勃つということは血管の拡張、要するに、ペニスの怒張です。そのためには、動脈からの血液の流入と、勃起を維持するために静脈還流をブロックする必要があります。骨盤底筋がペニスの根本を締め付けるようにして、動脈から出てきた血流を締め上げるイメージです。そして、陰茎提靭帯と陰茎ワナ靭帯がつり上げることによって、勃起の角度が上がります。つまり、維持力に関する要《かなめ》は、血管だけではなく骨盤底筋なのです。

勃起力のスピードと拡張は血管、維持力は骨盤底筋の働きなのです。

私の性交痛外来の患者さんにも、維持力はどうすれば改善されるか聞かれることがありますが、「骨盤底筋を鍛えてください」と答えています。

そして、トレーニング方法について聞かれたら、「ラブコア」を推奨しています。

筋トレで骨盤底筋を鍛える方法

一方、筋トレで骨盤底筋を鍛える方法もあります。骨盤底筋そのものを意識して鍛えることは難しいのですが、前出の「ケーゲル体操」以外に、肛門を締めて外肛門括約筋を鍛える方法もあります。外肛門括約筋とは排便時にキュッと締め上げる時に使う筋肉のことです。

息を吸いながら、お尻の筋肉をこらえるようにして肛門をグーッと締め続け、限界になったら、フーッと息を吐きながら緩めます。これが1回です。

肛門括約筋と骨盤底筋は、同じ神経群のところに非常にリンクしているため、肛門括約筋を締めることによって骨盤底筋を鍛えられるというわけです。

どのくらいやればいいかというと1日300回を目標にしてください。ものすごくハードですが、通勤電車の中やテレビを観ながら、真面目にやると骨盤底筋を鍛えることができます。

これが難しいなと思われる方は、座っていても寝ていてもできるラブコアを利用しましょう。

本番直前　120%の最高勃起に仕上げる方法～たった10秒！
血流改善リンパマッサージと自律神経から整えるEDツボ押し～

女医が教える
中高年のためのED対策

本番直前に硬い勃起を得るためのリンパマッサージと効果抜群のツボ押しについて解説します。

リンパマッサージをしよう

今回は120パーセントの最強勃起をつくりましょう。中折れ、ふにゃふにゃ、挿入困難には、もうおさらばです。勃起を強くできる即効性のあるツボ押しについてお話しします。

1つ目の方法はペニス、睾丸周辺、血液のうっ滞を改善して、機能改善を図る鼠径部リンパマッサージです。リンパとは何かというと、全身を駆け巡る脈管《みゃっかん》の一つです。

脈管とは、動脈、静脈、そしてリンパ管のこと。リンパ管は、側副路であり、体の中に異物や老廃物が溜まってきた時、血管の中に流してしまうと感染症になるため、流し込むために存在します。股の付け根は、鼠径部と呼ばれ、骨盤中の腸骨に向かって太くて大きな鼠径リンパ節がたくさん走っています。

ペニスや睾丸のリンパ節はいったん鼠径部に向かっているので、リンパマッサージを行

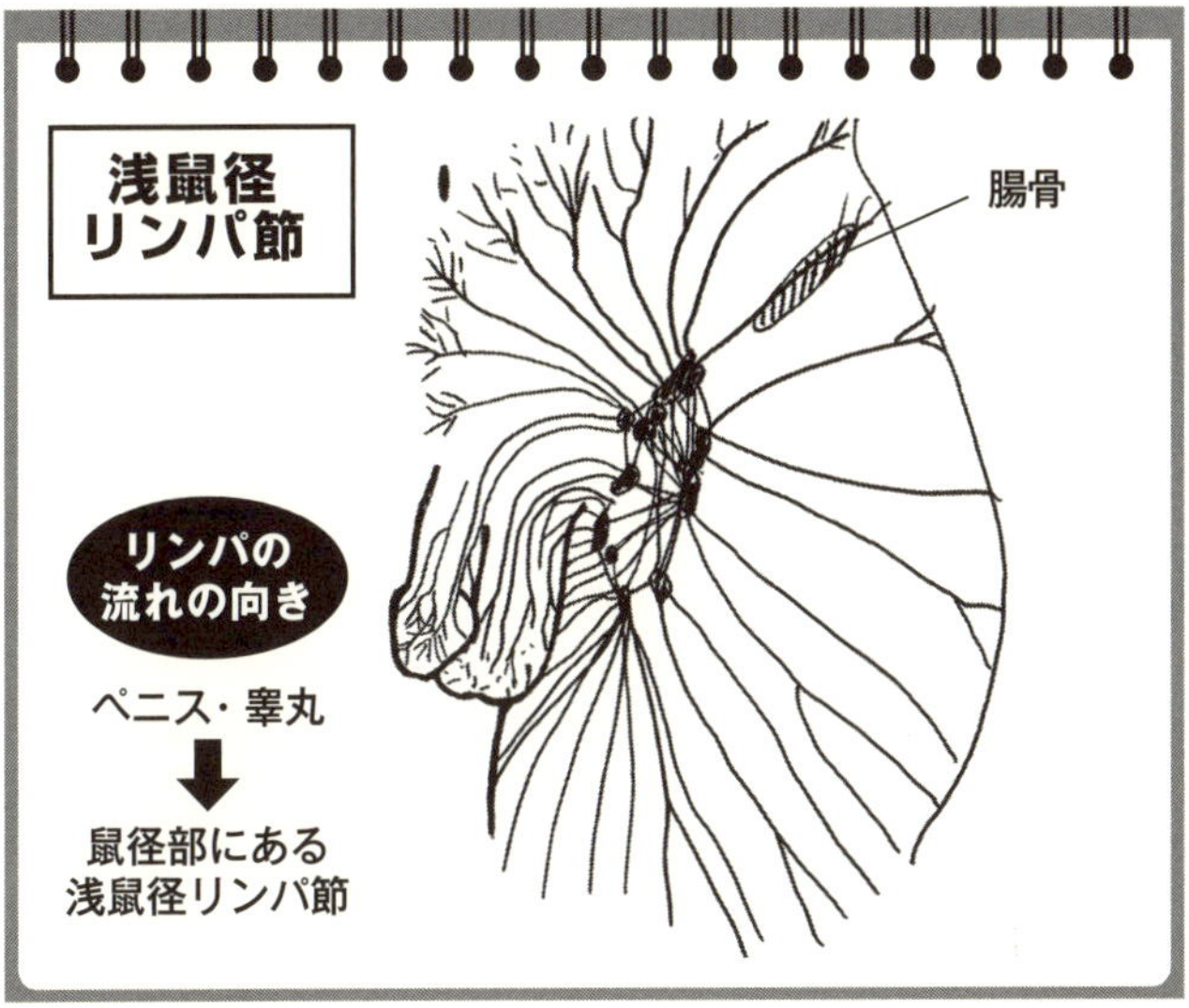

うことで疲労回復、勃起向上の期待ができるのです。

では、どのリンパ節を、どの向きで、どういう力加減でやっていくのでしょうか。リンパ管のポイントは流れの向きが決まっていることです。すべて末梢から中枢のリンパ節に向かって流れていきます。

ペニスや睾丸ならば向きとしては下から上に、腸骨に向かってリンパ液は流れています。まずはその浅い部位に存在するリンパ節、浅鼠径リンパ節をマッサージしてみましょう。強い力はいりません。体表の皮膚を撫で上げるような弱い力で行うのがポイントです。

鼠径部リンパマッサージを行うときは、3本の指を使います。中指を中心にしてペニスの付け根、睾丸の付け根のところに押し当て、左右の腸骨、腰骨の尖った部分に向かって下から斜め上へ、優しく流すよう撫で上げます。ペニスの根本から腸骨に向かって、優しく5回行ってください。ペニスや睾丸はマッサージする必要はありません。

2つ目のリンパマッサージは睾丸の裏側と会陰部をしっかりとマッサージして血流をよくします。股の付け根をお尻側から、鼠径部の方向、腸骨に向かって引き上げるようにマッサージしてみましょう。太ももの付け根をグルッと回すように、撫で上げます。これも左右で5回ずつ行ってください。陰嚢の裏、会陰部のリンパの流れを促していきます。

浅鼠径リンパ節を狙っているので、強い力はいりません。優しい、皮膚を促すような力でくるっとやっていきます。

短時間でできるツボ押し

次は交感神経と副交感神経、2つの自律神経へのダブルアプローチです。交感神経と副交感神経、相異なる自律神経をセックス直前に整えていきます。短時間でできる方法です。三つのツボを説明します。

勃起に効くのは、まず、お腹側の**横骨**《おうこつ》というツボです。ペニスの上にある硬い骨、恥骨のど真ん中から、左右に1センチ離れたところが恥骨上縁です。

その場所が横骨と呼ばれるツボで、中指を中心にして、人差し指、中指、薬指の3本の

鼠径部リンパマッサージのやり方①

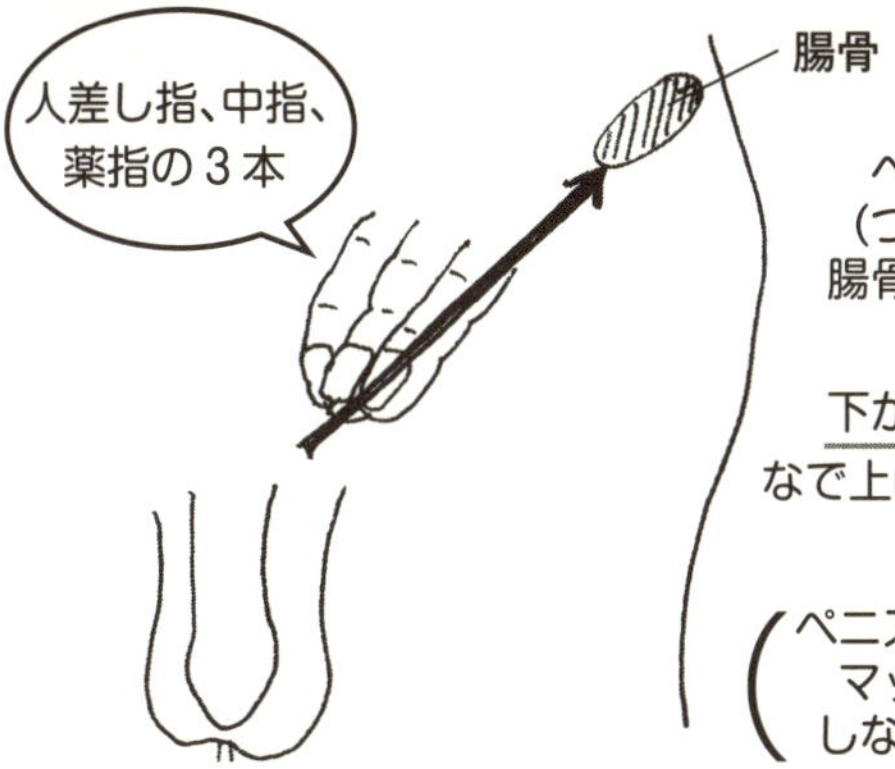

ペニスの根元
（つけ根）から
腸骨に向かって
優しく５回
下から斜め上に
なで上げましょう。

（ペニスや睾丸は
マッサージ
しなくていい）

鼠径部リンパマッサージのやり方②

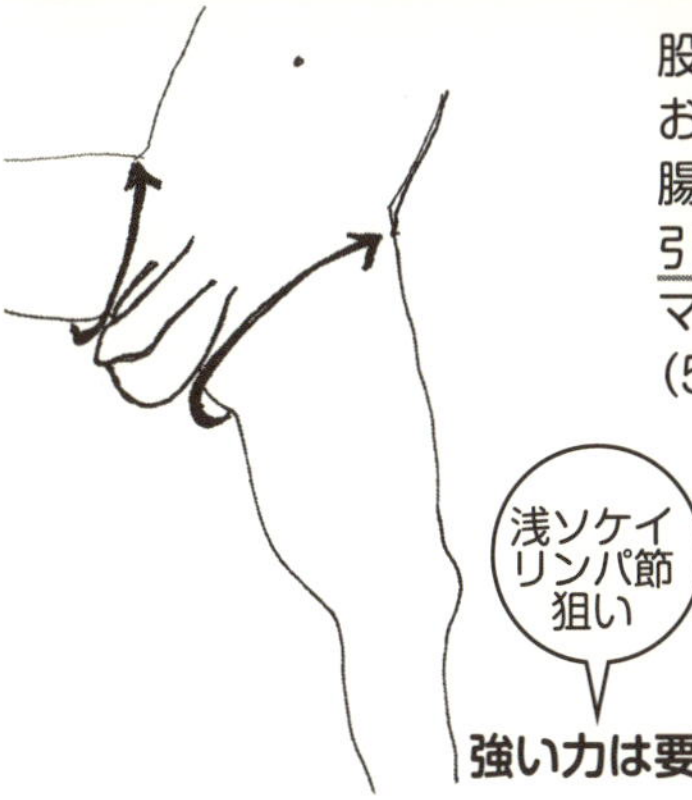

股のつけ根を、
お尻側から、くるっと
腸骨に向かって、
引き上げるように
マッサージしましょう。
（５回）

浅ソケイ
リンパ節
狙い

陰のう裏、会陰部の
リンパの流れを
うながします

強い力は要りません。優しくて可

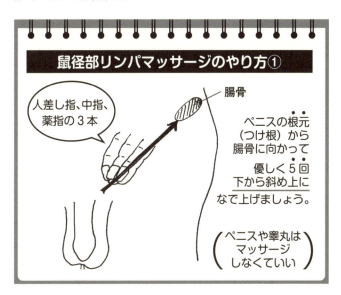

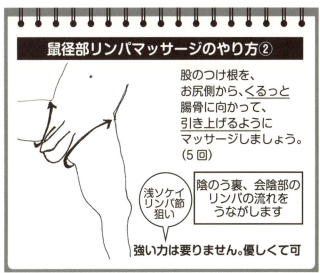

指で恥骨を真ん中から少し左右にずらして、ゆっくりと押してください。押したら5秒間数えて止める。その後ぱっと離すのではなく、フーッと、5秒かけながら、ゆっくり離していく。これを5回やってください。

　EDに効く横骨のツボは有名で即効性も期待できます。パートナーとセックス直前に、お風呂でもトイレでもベッドでも適当な場所で、5秒間をかけて押して、キープして、ゆっくり離す。これを往復で5秒間、10秒を5セット行ってください。総時間は1分少々あればOKです。最強勃起のためにぜひ実践してください。

　次に**合谷**《ごうこく》です。人差し指と親指の付け根の間の真ん中ではなく、人差し指側の骨際にあります。反対側の親指で5秒かけて押し、5秒キープ、5秒かけて離すのを5回繰り返します。ストレス性EDに効果的です。

　最後に**湧泉**《ゆうせん》。足の指を曲げた時に足裏にできるくぼみの中央に位置します。ゴルフボールを踏んで転がし、湧泉を刺激します。血流や冷えの改善にも効果的です。

　これらのツボ押しは、セックス本番直前に行うのがお薦めです。

a 横骨（おうこつ）

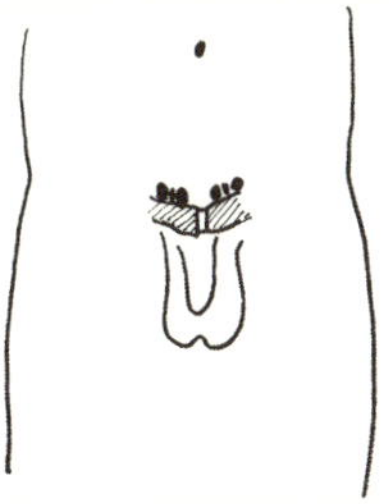

恥骨上縁、左右１横指

中指を中心に、３本の指で
５秒かけて、ゆっくり押す。
５秒止めた後、ゆっくり離す。

これを５回繰り返す。

b. 合谷（ごうこく）

気あせりしてしまう方！

●ストレス緩和
→ストス性EDに特に有効
●免疫機能に働く
●肩こり・内臓の働き↑

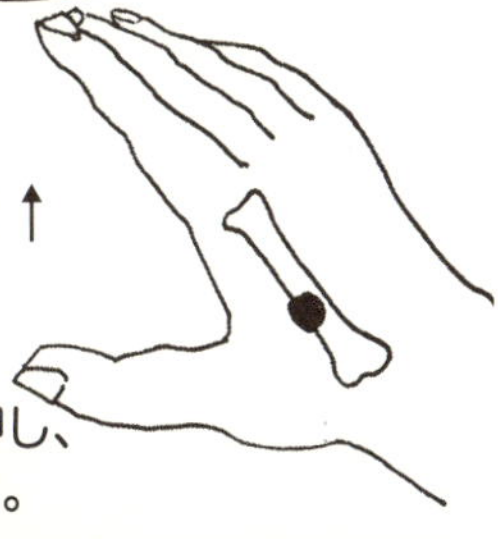

≪やり方≫
●人指し指寄の骨ぎわ。
●親指で5秒かけて、ゆっくり押し、
５秒止めて、ゆっくり離す(５回)。

c. 湧泉（ゆうせん）

●活力が湧き、全身疲労回復
●足裏の筋肉・神経刺激から

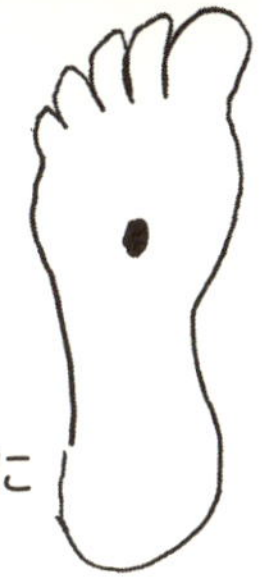

副交感神経　血流改善
➡下半身のむくみや冷え性、
メンタル不調の改善

≪やり方≫
椅子に座り、ゴルフボールを足裏と床の間にはさんで、コロコロ転がしながら押す。

ペニス若返りテストステロン復活メシ！〜睾丸を元気にする食事と生活習慣〜

女医が教える中高年のためのED対策

EDの薬は勃起不全には非常に効果的です。しかし持病などで飲めない場合はどうすればいいのでしょうか？

勃起が続かないケースは？

男性のセックス力は、勃起力、射精力、性欲の3つで成り立っています。これらの3つの1つでも欠けると、パワーが落ちてしまいます。

そしてこの3つのすべてを支えているのが男性ホルモンのテストステロンです。テストステロンは主に睾丸で作られる男性ホルモンで、思春期から20代にかけての時期ピークにして、歳を取るにつれて徐々に減少していきます。精力絶倫、みなぎる力を保つには、テストステロンレベルを上げること自体はとても難しいので、低下させないことが重要です。

セックス力だけではありません。テストステロンは男性らしさをつくり出す役割を果たしています。テストステロン分泌を維持することは、社会性を保つことにも、生きがいを失わないことにも有効です。

テストステロンは、パワハラに遭ったり、

テストステロンレベルを上げる食材

- **肉**　牛肉・馬肉・卵
- **魚**　マグロ・サケ・カキ・アサリ・ハマグリ
- **野菜**　ニンニク、ブロッコリー、ほうれん草、かぼちゃ、セロリ、セリ、玉ねぎ、アボカド、マッシュルーム
- **果物**　バナナ、パイナップル、ザクロ
- **その他**　ナッツ、ごま油、オリーブオイル、ヨーグルト

左遷されたり、退職や病気で気落ちしてしまうと、簡単に、一気に落ちてしまいます。

では逆にどうすればテストステロンレベルを維持することができるのでしょうか？

それは、**①「バランスの取れた食事」②「筋力アップ運動」③「良質な睡眠」**、この３つを行うことです。この３つをうまく連動させることにより、テストステロンレベルの低下を防ぎ、自分らしさを守ることができるのです。

そして、ここからが重要です。この３つのうち、最も大切なのが、①「バランスの取れた食事」です。①「バランスの取れた食事」は、②「筋力アップ運動」③「良質な睡眠」を支えるものだからです。

②「筋力アップ運動」によって筋肉量を増やすには、食事がベースになってくるからです。また、①「バランスの取れた食事」が③「良質な睡眠」と関連しているのは、もちろんのことです。

筋肉量を上げるとテストステロンの量もアップします。体のエネルギーを作るのは糖質です。ご飯やパンを食べることです。食事を抜くと、エネルギー産出に必要なグルコースを、自分の筋肉を分解することにより、補おうとする働きがあります。規則正しく、バランスの取れた食事を心がけましょう。

筋トレで骨盤底筋を鍛える方法

次に、テストステロンを増やす食材についてお話しします。

まずはお肉です。できたら牛肉をメインで摂ってください。馬肉もお薦めです。卵も非常に優れた食材です。それは、これらには飽和脂肪酸が含まれ、高たんぱくで低脂肪、しかもアミノ酸スコアが高いのです。

脂質は筋肉を育てるテストステロンの分解を促すのに必須ですが、良質な脂にこだわりましょう。

お肉は、高たんぱく質食材です。人間の細胞はたんぱく質から作られています。たんぱく質は人間にとって最も重要なものなのです。またお肉は、人間の身体に必要な必須アミノ酸を多く含んでいます。

魚介類も食べてください。マグロ、鮭、牡

蠣、アサリ、ハマグリは非常にいいですね。

亜鉛をはじめとする微量ミネラルが含まれていて、私たちの体を調整したり、精子の造成能力を上げます。

私は特に鮭をお薦めしています。鮭にはアスタキサンチンという強い抗酸化作用物質が含まれているので、動脈硬化を抑制する効用があります。

ペニスの血管は、体の中で最も細い血管です。だから、動脈硬化の影響を一番に受けやすいのです。

野菜は一般的に「精の付く野菜」と呼ばれているニンニク、セロリ、セリ、玉ねぎがお薦めです。ニンニクはアリシンが含まれていて、血流の改善も期待できますし、アルギニンが含まれているので、精子量のアップも望めます。

ブロッコリーは栄養面で大変に優秀な野菜です。βカロテンという抗酸化物質が非常に多く含まれていて血流改善が期待できます。しかもビタミンBも多い。玉ねぎにもアリシンが含まれています。

果物の中で手に入りやすく効率がいいのはバナナです。バナナにはブロメラインが含まれています。これはテストステロンを増やすと言われている分解酵素です。パイナップルもブロメラインが多く含まれていて、精力を高めるフルーツだと考えられています。ナッツ類にはビタミンE、亜鉛、ごま油にはオメガ6脂肪酸が含まれています。

八丁味噌、生姜、黒胡麻……

生涯現役でセックスが、強く、死ぬまでできるための精力絶倫食についてお話しします。歴史を紐解くと、江戸時代や戦国時代にも、精力絶倫で、長生きでセックス寿命が長く、死ぬまで子孫を残そうとしていた人たちはいっぱいいます。

最初にご紹介するのが徳川家康です。彼は戦国時代を生き抜き、73歳まで生きました。当時としては大変な長寿です。それだけでなく、11男5女で、16人もお子さんがいました。しかもこの中の3姫は60歳を超えてからのお子さんであると言われています。

徳川家康は戦国きっての健康オタクでした。自分で調合した漢方薬を飲んでいました。

彼の食生活はどうだったのか？　天下を獲ったのち、彼は生まれ故郷の三河の八丁味噌を愛していたと言われています。白米は口にせず、主食は麦飯であったとの記録が残っています。天下を獲ったわけですから、食べたいものを何でも好きなだけ食べることができるはずの家康の主食と好物が、麦飯と味噌なのです。意外ですが、実はこれが彼の長寿とセックスの強さに直結する食事だったのです。

まずは彼が愛した八丁味噌についてお話しましょう。八丁味噌は、良質の大豆、食塩、水と非常にシンプルなものから作られています。伝統的な技法で長期間熟成された豆味噌を使っているのがポイントです。良質なたんぱく質を確実に摂っていたのです。八丁味噌にはアルギニンが豊富です。アルギニンはアミノ酸の一種で、成長ホルモンの分泌を活発化させると考えられています。成長ホルモンの分泌は筋肉増強効果と免疫力のアップをもたらします。もちろん長寿に直結しますし、筋肉力アップは、男性ホルモン、精力を司るテストステロンの増強になります。また八丁味噌には亜鉛がたくさん含まれています。亜鉛はミネラルの一種で、特に男性ホルモンや精子の造成に関わっています。だから、家康は、八丁味噌を食べることにより、精力増強と精子力アップを行っていたわけです。しかも主食が白米ではなく、麦飯。麦飯は食物繊維が豊富でビタミンEの含有量が多く、さらに、マグネシウム、カリウム、亜鉛、鉄などの微量ミネラルも大量に含まれています。麦飯には食物繊維が白米の20倍、たんぱく質も白米の2倍含まれています。特筆すべきは、亜鉛です。八丁味噌にも麦飯にも含まれています。亜鉛は別名セックスミネラルとも呼ばれている物質で、牡蠣、レバー、牛肉にもたくさん含まれています。

さすが健康オタクの家康です。八丁味噌と麦飯はどんな戦略よりも強い作戦だったのです。

次にご紹介したいのが織田信長。信長は48歳の時、本能寺の変で暗殺されてしまいました。だから短命ですが、お子さんの数は22名。性豪でした。

信長の好物は、生姜入りの焼味噌でした。豆味噌にすりおろした生姜、黒胡麻、お酒、蜂蜜を加え、鉄の鍋で練り上げたものだと言われています。鉄のお鍋も微量ミネラルの摂取には大変有効でした。焼き味噌に生姜を加えたのは最強メニューですね。生姜の辛い成分はジンゲロン。これは全身の血流を促進する効果があります。生姜を食べると体が温まってくるのは、ジンゲロンの血流促進効果によるものです。しかも勃起はペニスの血流の結果ですから、ED克服に大変な効果があったと考えられます。黒胡麻もいいのです。黒胡麻にはリノール酸、オレイン酸が含まれています。これらは必須脂肪酸と呼ばれる大変に重要な脂肪酸です。それに加えて黒胡麻にはパルチミン酸、ステアリン酸、ビタミンE、黒い成分はポリフェノールで、抗酸化作用、血管の老化を防ぐ作用があります。だから、ペニスの陰茎の海綿体を通る細い血管を強いままで保持できたと考えられます。

本能寺の変がなければ信長はいくつまで生きたのか？ また何人子供を作ったのか？ すごいことになっていたかも。

23歳年下の奥さんと一日に3回もセックスをし続けた小林一茶

江戸時代の俳人、小林一茶も性豪でした。一茶といえば、雀などの小動物を愛し慈愛あふれるイメージですが、セックスという面から切ってみると、彼のもう一つの側面が見えてきます。

51歳の時に28歳の女性と結婚し、『七番日記』の中に、「月の八日には三回、ご交合」という具合に、連日のセックスの回数を日記形式で書き残しています。奥さんの生理の日まで記しています。彼女との間には7年間に4人の子供が生まれています。ただ、残念なことに全員夭折しています。彼女自身も37歳で亡くなりました。2番目の奥さんと離婚後、3番目の奥さんは32歳。一茶が64歳の時に再再婚しました。一茶自身は65歳で亡くなっています。

まさに、死ぬまでセックス、灰になるまでヤッて生きた人生でした。

セックスが現役であるために自分で山芋を掘りに行った。

さて、一日に3連発もセックスをした一茶が好んで食べていたのは山芋の自然薯《じねんじょ》でした。

山芋は、別名〝ヤマウナギ〟とも呼ばれています。江戸時代には滋養強壮の特効薬だと言われていました。実際、アルギニンが豊富に含まれています。アルギニンは、山芋以外にも、大豆、キハダマグロ、卵黄、うなぎ、ニンニクから摂ることができます。

しかも、一茶は自分で山に登り、土を掘り起こして山芋を調達していました。

要するに、滋養強壮の特効薬の山芋を摂るために大変な執念を燃やしていたわけです。性に対する執着が非常に強かったのです。だからこそ、死ぬまで現役でいられたわけです。

自分自身を鍛え、健康意識を高く持ち、性欲をしっかりと守れるように、できるだけセックスをする、オナニーもする。これが大切なのです。

第二章　オナニーをしよう

若い頃、嫌になるほどあった性欲も歳を取ると嘘のように減退し、オナニーもセックスもしなくなっている男性も、いらっしゃるのではないでしょうか?

「性欲がなくなり、楽になった」と仙人のようなことを言う人もいます。

しかし、これは危険信号です。

「勃起して射精」ということをしなくなると、ペニスはしだいに機能を失っていきます。高齢の方が、歩かないと歩けなくなるのと同じです。ペニスは機能を失うと、線維化し、もとに戻らなくなってしまいます。

「どうせセックスなんてしないから、おしっこを出すだけでいいや」と考えるのは大変な間違いです。

勃起と射精には様々な効用があります。男としての機能を保ち続けることで、自信につながり、仕事にも生活にも張りが出ます。また、射精を数多くする人は前立腺がんにかかりにくいとの研究報告があります。

それだけではありません。射精には、免疫力の向上、安眠などの効用が期待できます。考えても見てください。人が自分の身体の機能の一部を失ってしまうのです。マイナス効果は計り知れないと思いませんか？

本章では、適正なオナニーの回数、性機能を保持するための正しいオナニーの仕方、セックスに強くなるオナニーの方法をお伝えします。

人は正しい訓練をすれば、90歳を超えても勃起し、射精することができます。

100歳まで性機能を維持することを目指して、今日から取り組みませんか？

女医が教える
中高年のためのセックス講座

60歳からのセックス:マジでやりまくる
死ぬまでセックスを可能にする3つの法則

死ぬまでセックスをするために必要なのはオナニーと骨盤底筋のトレーニングです。

死ぬまでセックスをするために

死ぬまでセックスを可能にする3つの法則についてお話ししていきます。

1つ目は神経です。当然のことですが、加齢とともに神経の機能伝達は落ちてきます。

しかしながら**セックスやオナニーで神経反射を保つというのは、死ぬまでセックスをする上での基本中の基本**になります。オナニーは快楽だけではなく、中高年の性機能維持訓練の一環として捉《とら》えるべき、大切な行為なのです。セックスを毎日している方は大丈夫ですが、数カ月に1回、数年に1回という人が本番でいきなりできるわけがありません。ペニスに酸素や栄養を与え、神経反射を保つためにも、オナニーをする習慣を大事にしてください。女性の方で指を使ったオナニーに抵抗がある人には、ウーマナイザーなどもお薦めです。ウーマナイザーは、使用した98%の女性がオルガズムに達したという研究報告もあ

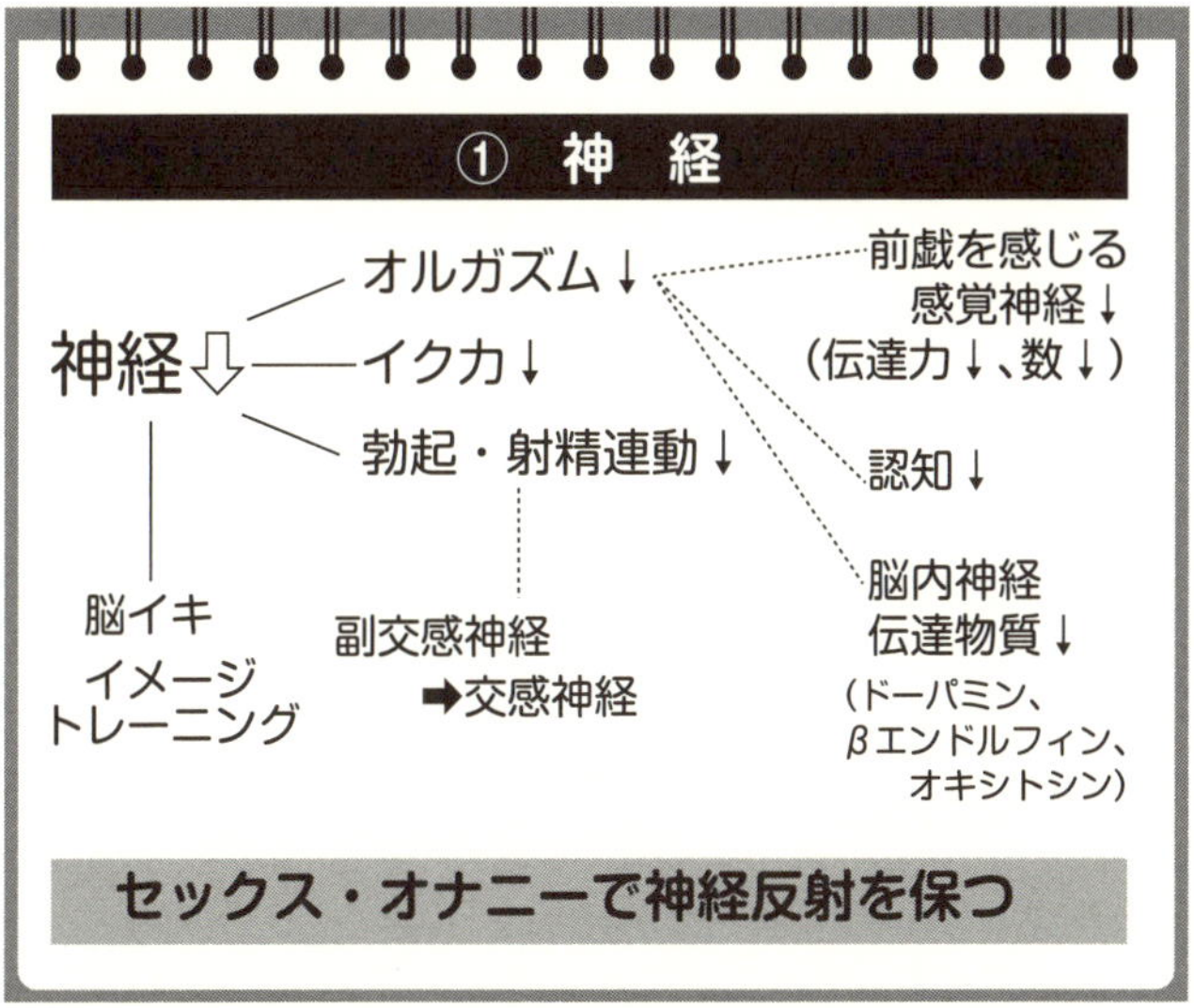
① 神　経
神経⇩
オルガズム↓
イクカ↓
勃起・射精連動↓
前戯を感じる
感覚神経↓
（伝達力↓、数↓）
認知↓
脳内神経
伝達物質↓
（ドーパミン、
βエンドルフィン、
オキシトシン）
脳イキ
イメージ
トレーニング
副交感神経
➡交感神経
セックス・オナニーで神経反射を保つ

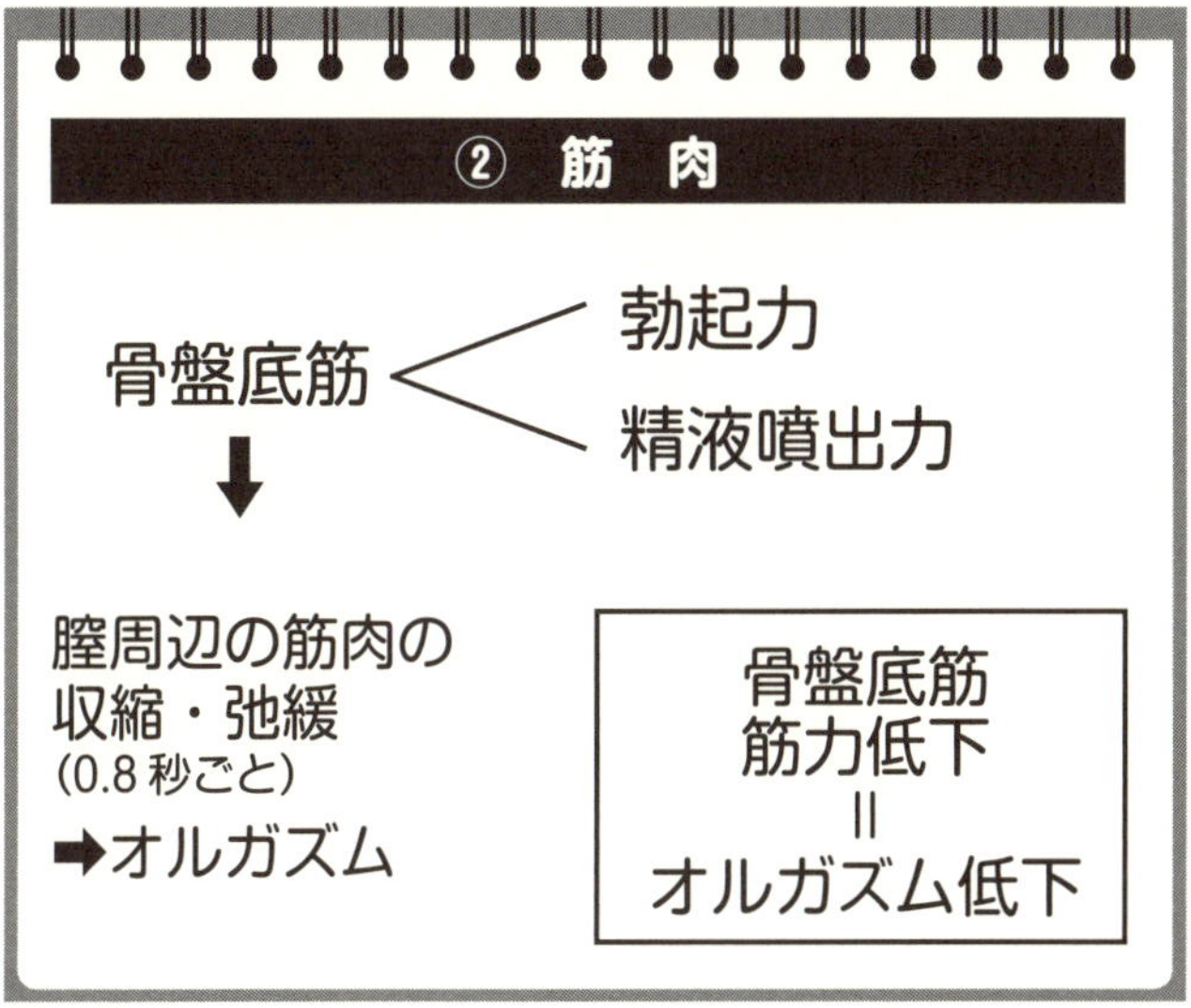
② 筋　肉
骨盤底筋
勃起力
精液噴出力
膣周辺の筋肉の
収縮・弛緩
(0.8 秒ごと)
➡オルガズム
骨盤底筋
筋力低下
＝
オルガズム低下

ります。神経反射を維持するために、セックスやオナニーを継続的にするように努めてください。

2つ目は筋肉です。特に男性の場合は、骨盤底筋がセックスの肝《きも》となります。勃起力や射精時の精液の噴出力に直接影響するからです。女性の場合は、骨盤底筋を鍛えるとイキやすくなり、尿漏れ対策にもなります。骨盤底筋は膣周辺の筋肉の収縮と弛緩を司る筋肉だからです。ちなみにセックスの時、0・8秒ごとに骨盤底筋が収縮したり弛緩したりするのがオルガズムの正体だと言われています。つまり骨盤底筋の筋力低下は、オルガズム力も低下させるのです。

骨盤底筋の鍛え方は、膝を立てた状態で肛門を締め付けながら腰を上に持ち上げる運動が有名です。また、ウォーキングやジムに行って下半身を中心に筋トレするのも効果的です。しかし高齢になると、外に出て運動をするのは辛いという方もいるでしょう。

そういう人にはラブコアをお薦めします。ラブコアは、男女問わず使えて、1日10分装着するだけです。寝ながらなど好きな体勢でトレーニングできるのも利点です。

3つ目は血管です。高血圧、糖尿病、高脂血症、動脈硬化などが原因で血管が劣化すると、性器も劣化していきます。それは血管が硬く細くなってくると血流が低下し、臓器に送り込む酸素やたんぱく質を運搬する能力も低下するからです。しかもペニスに血液を送

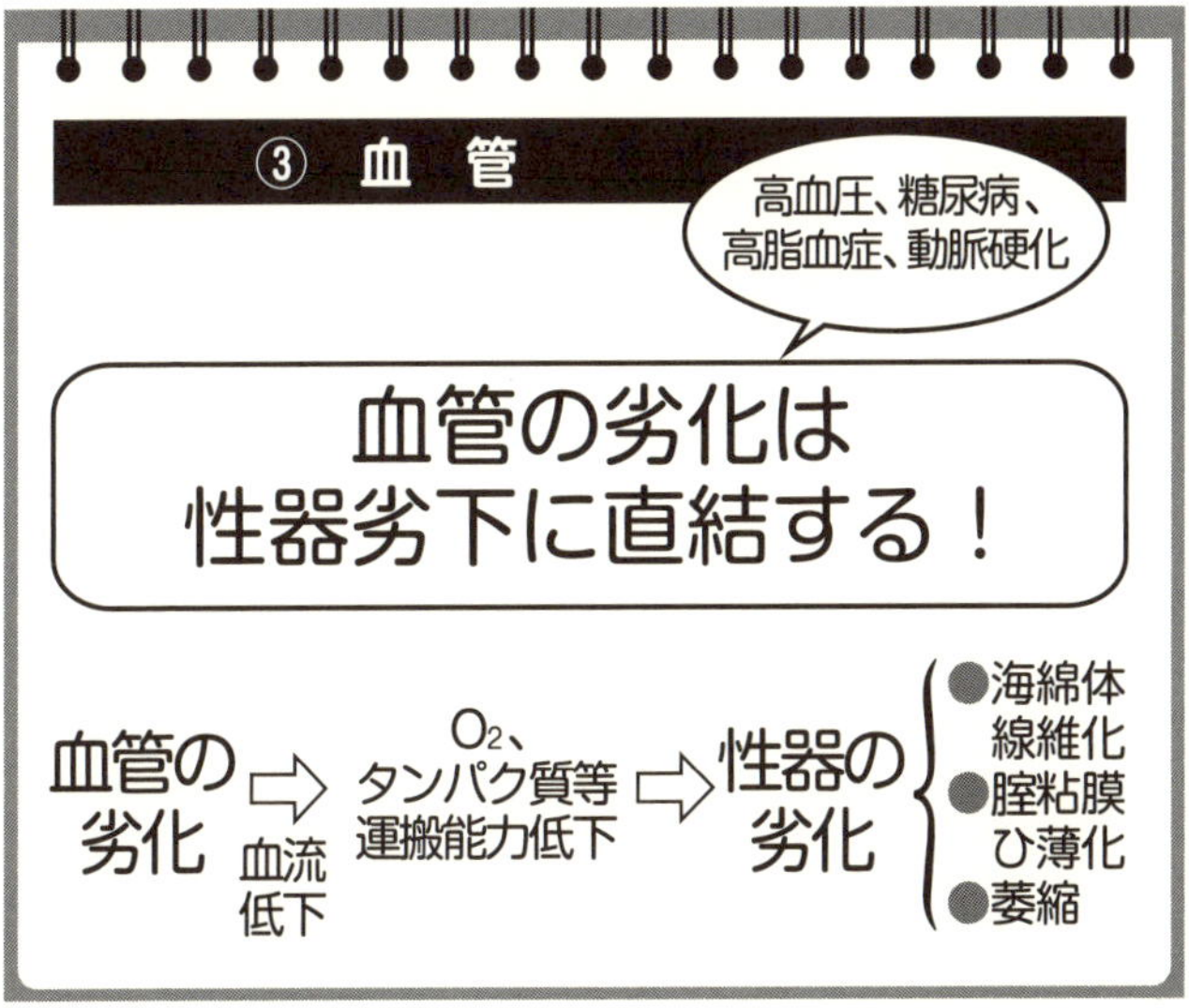

り込む動脈というのは陰茎背動脈という体の中で最も細い動脈で、直径がわずか１ミリしかないので、余計にそうなるのです。

性器の血流を守ることが重要

　ペニスに血がうまく運び込まれなくなると、海綿体の線維化が起こります。ＥＤ治療薬のバイアグラやレビトラ、シアリスを服用すると、ペニスの陰茎背動脈が広がります。そして、ペニス全体の勃起力が上がる、これがＥＤ治療薬の仕組みです。

　しかし、線維化を起こしたペニスは、血管が硬くなってしまうため、広がらなくなって、ＥＤ治療薬が効きません。女性の場合は、血管が劣化すると、膣粘膜の菲薄《ひはく》化が起こります。薄くなるということは、分泌能力が低下して濡れにくくなり、感じにくくなるということです。腟の入り口も小さく硬く萎縮していきますから、ペニスの挿入が難しくなり、結果、痛みをともなうようになります。

性器の血流を守ることが、性器の劣化を予防することに繋がるのです。

では、対策はどうすればいいでしょうか。

ペニスの場合は、厚生労働省承認の陰圧式勃起補助具「ビガー（Ｖｉｇｏｒ）２０２０」がありますし、ＥＤ治療薬のＰＤＥ５阻害薬であるバイアグラ、レビトラ、シアリスなどの服用も考えられます。ちなみにビガーはペニスを陰圧で広げる器具です。縮んでいくばかりの血管や組織を陰圧で広げる癖をつけます。毎日10分程度行うことでフル勃起しやすく中折れ対策になります。

女性の場合、当院で実際に実践していただいているのは、マッサージと女性ホルモンであるエストロゲンの有用物質エストラジオールの補充です。更年期以降、生活は変わっていないのに、骨粗鬆症になったり、急に高血圧や高脂血症になったりすることがあります。これはエストロゲンが低下し、骨や動脈、代謝に大きな影響を与えているからです。

マッサージをしながら、局部の血流を保ち、エストラジオール（「エストロゲン」の一種）が入ったオイルなどを、肛門側から大陰唇、小陰唇と、下から上に優しくマッサージしながら塗り込みます。

オナニーすればするほど健康になる～アメリカ ハーバード大学で実証！

フル勃起、週4回以上で死ぬまでセックス

女医が教える
中高年のためのセックス講座

オナニーは中高年にとっては性機能維持のためのトレーニングです。その理由を説明します。

健康のためにオナニーを

近年の調査では、オナニーの回数というのは、多ければ多いほうがいいということが分かってきました。

かつて江戸時代の儒学者の貝原益軒は、「接して漏らさず」と、射精は肉体を衰えさせると説いていました。しかし近代になっても射精が体に悪いというイメージを持っているのは、江戸時代から知識をアップデートできておらず、由々しき問題であると私は考えます。

中高年にとっては、オナニーは性的な快楽だけではなく、性機能維持のためのトレーニングです。ペニスに血液を送ることで、酸素やたんぱく質などの細胞の栄養をペニスに満ちさせておくことができます。そういうこともせず、若い頃のように、いきなり勃たせようとしても無理なのです。ですから、週4回以上を目指してオナニーをしましょう。

したくないとか、できないとか、そういう

問題ではありません。**訓練**なのです。

海綿体は血液を充満させないと酸欠状態となり、細胞が硬い線維に置き換わってしまい、線維化という現象が起こります。それが慢性化してしまうと、血管がやせ細って血流が充満しない『コールドペニス』になってしまうのです。

皆さんは、中高年になってフル勃起をしないとか、セックスから離れていると、何となく若い時よりもペニスが縮こまってくるということに気が付かれるでしょうか？

特に、ふっと触った時に、重みを感じない、冷たいと感じたら、危険信号です。

組織に対する血流が低下して線維化が起こってしまうと、血液の温かみが少なくなってしまいます。こういった線維化が起こったペニスはコールドペニス、冷たいペニスと呼ばれています。

いったん線維化が起こってしまうと、細胞はなかなか元には戻りません。筋肉を思い浮かべてください。筋肉は筋トレをしていないと、やがて痩せ衰え、硬くなって筋張ってきます。それと同じ現象です。健康的な状態を維持するためにはトレーニングを続けなければいけないのです。

健康のためにオナニーを

快楽を感じる訓練、血管を広げる訓練、そして海綿体をはじめとするペニスの周囲に血液を送り込んで、機能を維持するために必要な訓練のオナニー回数は週4回です。

拙著『女医が導く60歳からのセックス』（扶桑社）でも次のように書いています。

『かつて「オナニーをしすぎたら、頭が悪くなる」という言説がまことしやかに囁かれていた時代がありました。しかしそのような言説は、なんら根拠がありません。心身ともに悪影響どころか、性機能維持の側面では好影響を及ぼすので安心してオナニーしてください。また、「勃起のトレーニングで、射精までしてもいいのですか？」とよく質問されます。もちろん射精までしてください。射精をすれば、前立腺の血流が良くなり、精巣の働きも活発になります。』

アメリカのハーバード大学の公衆衛生大学院で大学医療従事者、約3万人を対象に行った調査によると、月に21回以上射精する人は、月に4〜7回する人に比べて前立腺がんになるリスクは、約2割低下することも明らかになっています。

オナニーは、すればするほど健康になるのです。

線維化が起こってしまってからでは遅いのです。高血圧や糖尿病など、特に動脈硬化が起きやすい病気の方は、とりわけ訓練として重要です。中高年になったら機能維持として、機能訓練としてのオナニーをガンガンやってください。

絶倫ペニスをつくる『パワー・マスターベーション』オナニーのやり方を変えるだけで78％がED改善

同じオナニーをするなら、
セックスに強くなれるオナニーがお薦めです。

PC筋を意識したオナニー

絶倫は作れます。そのために必要な大人のマスターベーション方法を紹介していきます。

1つ目は、PC筋と呼ばれる恥骨尾骨筋を意識したマスターベーションです。PC筋は、仙骨の先の所から骨盤底を通って恥骨に至る、左右の帯状の筋肉です。肛門から恥骨にかけてあり、内臓を支える、骨盤底筋の主要な筋肉です。ペニスの根本をしっかりと締め付け、ペニスに流れ込んだ血液をとどめる重要な役割があり、勃起には欠かせません。

尿意がある時に、トイレまで漏れないようキュッと締めておく時に働き、同時に肛門を締める筋肉でもあります。

血液をペニスにとどめる働きというのは、強い勃起を作り出すのに必要な能力です。ですからPC筋を鍛え上げることは、実は根本的に勃起力を向上させる筋トレなのです。

サマセットナフィールド病院の研究をご紹介します。

平均年齢59歳のEDに悩む男性55人を対象にしたもので、うち28人にはPC筋トレーニングと加えて生活習慣の改善指導を行いました。すると28人中22人で勃起機能が正常に戻ったという結果が出たのです。さらには、うち19人は射精の機能も改善しており、PC筋を鍛えるのは絶倫ペニスを作るのに極めて有効だといえます。

ではPC筋トレーニングはどうやるのか。まず、自分で位置を確認してみましょう。放尿中、途中で止めてみてください。この時に使われたと感じる筋肉がPC筋です。PC筋を意識できたら、5秒間締めて、その後5秒間緩めます。この動作を10回、1日3セットを目安に行ってください。これが通常のトレーニングです。通勤の間、お弁当を食べながらでもだれにもバレませんからやってみてください。

絶倫ペニスを作るためには、これらをマスターベーションをしながら行います。ペニスに刺激を与えながら、同時に小刻みにお尻の筋肉を収縮させ、回数をアップしていく運動と、1回ぐっと強く締めて長く締める運動。この2つの運動を混ぜ合わせることで射精力が増します。

性機能訓練としてのオナニー

2つ目はマスターベーションの体位です。

実際に行う性行為の体位とかけ離れていませんか？　床オナニーや足ピンオナニーをしていると、性行為で膣内射精ができなくなる恐れがあります。現実の性行為をイメージして、勃起、射精まで遂行しましょう。具体的には、膝立ちで、いすに座った形で、もしくは、あぐらをかく姿勢などでの機能訓練としてのマスターベーションを心がけてください。

また、中高年になってくると、時短からか、半勃ち射精をしがちです。ですが、必ずフル勃起射精を心がけてください。半起ち射精を習慣化させると、ペニスの海綿体に、十分な酸素や栄養が行き渡らない状態での射精を癖づけてしまい、いざという時にフル勃起しなくなります。

そもそも勃起とは、陰茎の血管拡張で起こります。副交感神経が優位になって血管が十分、広がる状態を作らなければいけません。一方、射精は、骨盤底筋骨の収縮によって、精液がプッと噴出する行為です。射精では、骨盤底筋を収縮させるため、交感神経が優位にならなければいけません。よって適正な性的刺激があって、射精に至るためには、副交感神経と交感神経、両方の連動が必要になってくるのです。

長年、半起ちで射精する癖がついてしまっている人は医療の力を借りてください。ＥＤ治療薬、バイアグラ、レビトラ、シアリス、これらの内服を考えてみましょう。

ＥＤ治療薬を内服することで、血管が広が

PC筋マスターベーションのポイント

① マスターベーション中《しながら》に、お尻の穴を『締めて、ゆるめる』をくり返す

② 速度を上げて小刻みに回数↑
1回ギューッと強く締める
を混合する

絶倫ペニスを作る機能訓練としてのマスターベーション

＝

現実のセックス体位で
性行為をイメージして
勃起➡射精まで遂行すること
具体的には
膝立ち、椅子に座って、あぐらをかく姿

る癖をしっかりとつけます。薬に頼りたくない人は、毎日1日10分のビガートレーニングも非常に有効です。ビガーは管理医療機器ですから、医師への相談が必要になります。

　ED治療薬やビガーによって、血管を十分に広げて、そしてフル勃起の癖をつけると、陰茎海綿体への血流の充満が起こりやすくなります。ペニスに酸素や栄養が十分に送られ、ペニスのアンチエイジングにつながり、絶倫ペニスが手に入るのです。

オナニーすればするほど健康になる 不眠、ストレス、心筋梗塞も減少する

オナニーは立派なヘルスケアなんだよ

女医が教える 中高年のためのセックス講座

オナニーは性的快楽の追求だけではなく、肉体的、精神的に様々な効用があるとの研究結果が出ています。

セルフプレジャーの効用

セルフプレジャーは一般的にはオナニーと言います。

現在、このセルフプレジャーに関しての考えがどんどん変わっていっています。

かつてはセルフプレジャーは、性的快楽の追求だと考えられ、恥ずかしい行為とされていました。

ところが、世界的な医学的研究によりセルフプレジャーの健康的な効果が認められるようになってきました。その結果、今ではセルフプレジャーは自分自身の健康を守る、ヘルスケアの一環だと考えられています。

それでは、ヘルスケアとしてのセルフプレジャーにはどんな効用があるのでしょうか?

①「ストレス解消」②「心臓など血管系の健康促進を促す」③「不眠の改善」④「精神的健康の改善」⑤「自己肯定感のアップと身体イメージの改善」

ヘルスケアとしてのセルフプレジャー

①ストレス解消
②心血管の健康
③不眠改善
④精神的健康の改善
⑤自己肯定感UP・身体イメージ改善

セルフプレジャーは性的快楽をこえて総合的健康とウェルビーイングに貢献できる

このようにセルフプレジャーは、性的快楽の追求を超えて、総合的な健康と、ウェルビーイングに貢献できるものなのです。

ウェルビーイングとは、より良く生きる、健康的に生きる、自分らしく生きる。これらを追求することです。

まずは①**「ストレス解消」**についてお話ししましょう。

セルフプレジャーを行うことにより、オルガズムを得ることができます。オルガズムを得ると、脳の中に、βエンドルフィン、オキシトシン、ドーパミン等の物質がたくさん出てきます。それらは脳内神経伝達物質で、脳内ホルモンとも呼ばれ、ストレスを緩和する作用があります。つまり、リラックスが促進されるのです。リラックスが促進されると、気持ちが軽くなったり、幸福感が湧いてきたりします。「オキシトシンは幸せホルモンと呼ばれる」と聞いたことがある方も多いと思います。セルフプレジャーは、これらのホルモンを自分のペースで、自分の好きな時に出せる素晴らしい方法なのです。

では、どのくらいの頻度で行えばいいのか？　世界の三大名病院の一つ、米国クリーブランド・クリニックの研究では、週に2、3回を推奨しています。オーストラリアのクイーンズランド・ヘルスでは必要に応じて好きなだけ行うのがいい、と上限なしという研究結果を報告しています。

不眠の改善と鬱症状の緩和

②「心臓など血管系の健康促進を促す」については、まず週に2回以上セックスをする男性は、心筋梗塞、脳梗塞、つまり血管系の病気になるリスクが低いという報告があります。セルフプレジャーに関しては、ここまでの報告はありませんが、①で説明したようにリラックス効果は証明されていますので、長期的な観点から見れば、ストレスが大敵である血管系の病気に対して、効果があると考えられます。

③「不眠の改善」は、βエンドルフィンと呼ばれる脳内神経伝達物質の作用です。βエンドルフィンは、鎮痛効果とともに鎮静効果

が非常に高いのです。鎮静というのはボーッとして眠くなる感じですね。ですから、入眠前にセルフプレジャーを行うことにより、不眠の改善効果があるという報告が非常に多いのです。

④「精神的健康の改善」もオルガズムを得ることによって、オキシトシンとβエンドルフィンが分泌される効果です。これらの物質には不安を軽減したり、鬱症状を緩和したり、リラクゼーション効果が認められています。このため、セルフプレジャーは、精神的な健康に非常に大きく貢献するのです。

⑤「自己肯定感のアップと身体イメージの改善」は2024年にオックスフォード大学から次のような研究結果が発表されてます。

110名の女子大学生を対象に、マスターベーションの頻度、それに対する感情、性的機能や自分自身の性器へのセルフイメージについて調査しました。

すると、マスターベーションが自分にとって非常に重要な行為で、ヘルスケアにも貢献していると考えている群のほうが、マスターベーションを否定的に考えている群よりも、自己肯定感が高く、自分自身の性器に関するイメージも向上していた、との結果が出たのです。

男性の場合は、性器に対するイメージの向上は少なかったのですが、女性はかなり多く、自信に繋がっていました。

フニャフニャ…「半勃ち射精」してない？射精するなら「フル勃起」！血流と勃起の深い関係

女医が教える中高年のためのセックス講座

ED治療薬を使用するのに抵抗がある方へ。実はED治療薬の効果は目先の勃起だけではないのです。

半勃ちオナニーは絶対にダメ

勃起とはペニスが拡張して、硬くなることです。勃起を司っているのは自律神経系の副交感神経で、リラックスしたり、不安がないとか、緊張していないとか、性的興奮があってそれを快楽として受け止めたりする時に働く神経です。ですから最初から「今日はできるかな」とか、「失敗しないかな」とか、「萎えたらどうしよう」とか、そういうことを考えていると交感神経が勝ってしまい、勃起が阻害されます。

さらに勃起力を支えるのは血管です。血管の内皮細胞から出てくる一酸化窒素が海綿体に行き、血管が拡張して、海綿体に血液が充満し、勃起するという流れです。

これからは常にフル勃起射精を意識しましょう。半勃ちでも射精はできるのですが、これは不十分です。半勃ち射精の癖をつけると、ペニスの血管や海綿体を最大に拡張させせる癖がつかなくなります。

なぜ、半勃ち射精がダメなのかというと、陰茎海綿体の血管に血流があふれていないということです。普段の性機能維持としてのオナニーの時、きちんと勃起する訓練をしていないと、血管が広がる癖ができません。そして、半勃ちのまま射精してしまうと、体がこれでいいと思ってしまうのです。

中高年のオナニーは、快楽もあるけれども、性機能維持も目的の一つです。性機能維持という言葉の通り、訓練という意味合いが強いのです。だから、その都度しっかりと血液で組織を満たす癖をつけてください。

ＥＤ薬を使っても、血管をがっちり開く癖がついていないと勃ちません。半勃ちに慣れてしまっている血管では、薬の反応が違ってくるのです。

では、60歳を超えた男性の勃起、射精についてお話ししていきましょう。即効性のある方法としてＥＤ治療薬は欠かせないでしょう。うまく射精ができないのは血管とか神経、骨盤底筋のどこかに問題があるのですが、それは人によって違ってきます。

硬い勃起は生きる力を強くする

40歳〜70歳の男性１４０人に3週間〜７週間、バイアグラを毎日服用してもらい、セックスまではしないが、毎日ペニスの血管を押し広げ、オナニーをしてもらったという研究があります。

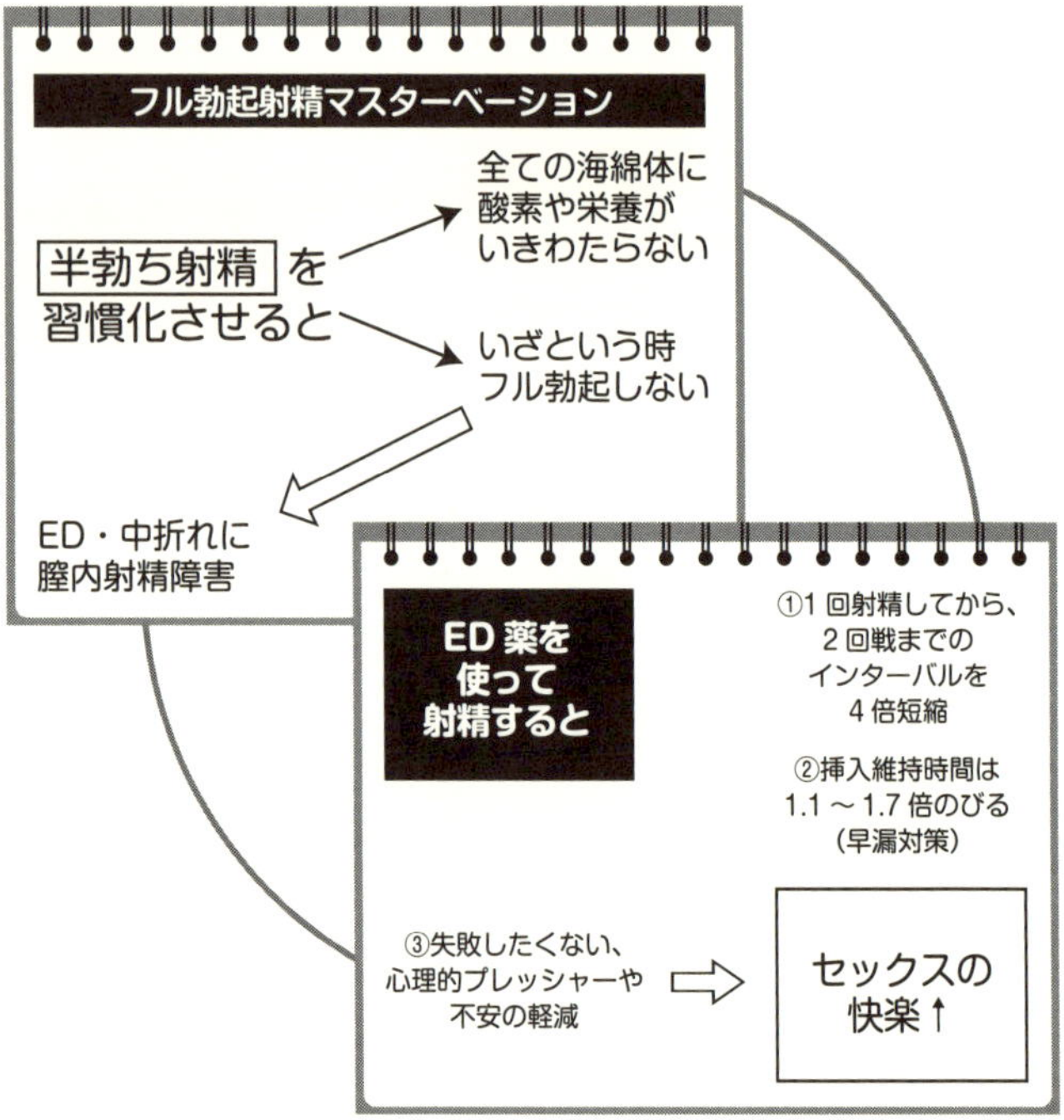

すると精巣でのテストステロンレベルが40%～50%アップしました。これはすごいことです。

男性ホルモンのテストステロンが上がると、性欲も上がり、意欲も上がり、集中力や生きる力そのものが強くなります。ペニスの血管を押し広げることが男性の強いみなぎる自信に繋がるのは、この研究の結果からも分かります。

ＥＤ治療薬を飲む目的は、目先のセックスの勃起力を上げることです。しかも今では長期的な勃起力を向上させるというメリットもあると、多くの研究結果が示唆しています。短期的にも、長期的にも、ネガティブな意識は持つ必要がなく、ＥＤ治療薬はみなぎって自信をつけるためのキッカケづくりとも言えるのです。

また、ＥＤ治療薬を使って射精すると一度射精してから、２回戦に行こうとする時にインターバルが短くなります。薬を飲むと、一度射精してから次に行ける時間が4倍短縮するのです。挿入維持の時間そのものも1・1倍~1・7倍延びるので、早漏対策としても実効性がある数字なのです。

もう一つ大きなポイントは、ＥＤ治療薬は血管拡張薬だということです。薬を使い血管拡張ができることによって、失敗したくないとか、中折れしたらどうしようとか、大きな不安が除去されます。心理的プレッシャーや不安が軽減するのです。その結果、快楽に集中できるので、セックス快楽も上がってきます。

薬に頼るとか、そんな意識ではなく、薬によって問題が解決するなら、そっちのほうがＱＯＬ、Ｑｕａｌｉｔｙ　ｏｆ　Ｌｉｆｅ、人生の豊かさが上がります。

その他、陰圧式勃起補助具「ビガー（Ｖｉｇｏｒ）２０２０」による血管トレーニングもお薦めです。一日10分のトレーニングで男性25名のうち、87％の方々が、血流が改善した、勃起力が強くなったとか、朝勃ちが戻ってきたなどの調査研究があります。

ネットポルノEDとは何か？

みなさんは、オナニーのオカズに何を使っていますか？スマホで過激なネットポルノをたくさん見ていませんか？

実は、今、このネットポルノがドーパミンの浪費を引き起こし、セックス力を低下させるという問題が起こっています。

男性の9割は視覚から、何らかのポルノ的な刺激をもらいながらオナニーをしているという報告もあります。

スマホで見ることができるネットポルノは、超常的な性的刺激にあふれています。しかも、次から次へと流れてきます。現実には不可能な激しいプレイが行われていたり、極上の美人が誘ったりしてくれます。そんな映像が簡単に手に入る環境に私たちの脳はあります。

毎日取っ替え引っ替え、大勢の極上の美女と刺激的なセックスをする。人類の進化の過程では、そんな状況になることはありえませんでした。つまり、私たちの脳はこれまでとは桁違いの性的な刺激を受けているのです。

しかしながら私たちの脳には、そんな超絶な性的体験に対するプログラムが入っていません。

それなのに、次から次へと現実にはありえない凄まじいエロティックな映像を見続けると、ドーパミンの浪費が起こってきます。ドーパミンが毎日、大量に分泌され続け、ドーパミンを作る材料の浪費が、日々脳の中で起こっているのです。

すると、現実のパートナーでは満足がいく勃起ができなくなってしまいます。

現実のセックスでは、パートナーはお腹が出ている女性かもしれません。超絶美女ではないかもしれません。プレイも正常位だけかもしれません。

仮想と現実を比較すればするほど、勃起不全になります。

その結果、ポルノを見ながらのオナニーのほうがいい、オナニーさえすれば射精ができると、負のループに入ってしまうのです。

こういった、現実の女性を眼の前にして、なかなか勃たない、イケないという男性が世界的に増えています。

このループを断ち、リアル世界で完全勃起してセックスを可能にするには、ネットポルノ断ちが有効です。

ネットポルノにより、ドーパミンの浪費を日々積み重ね、ドーパミンの原材料が少なくなっているわけですから、ネットポルノを断ち、ドーパミンの過剰な分泌をいったん止めるのです。もちろん、オナニーはします。ただし、イメージマスターベーションを行います。

「そんなのはしたことがない」という声が聞こえてきそうです。しかしながら、原始人の時代にはもちろんインターネットポルノはありません。私たちの体は、本来イメージマスターベーションができるようになっているのです。

まずは3週間。原始人の時代からやり直して、人間本来のセックス力を取り戻すのです。

現実のセックスを空想しながらするのがよいでしょう。たとえば野球でも自分がホームランを打つイメージで素振りをしたりしますよね。それと同じです。

イメージトレーニングをすることで、自分のタイミングで、自分本来のセックスで射精まで行き、その結果ドーパミンを分泌させる、本来の自分の脳を取り戻すのです。

イメージトレーニングで脳を鍛えておけば、現実のセックスで勃たなかったり、イケなかったりするのを防ぐことができる可能性が高まります。

そして、必要ならばED薬も飲み、ぜひ自分らしいセックスを取り戻してください。

なぜ、就寝前にマスターベーションをすると寝つきがよくなるのか?

株式会社TENGAが2019年10月にマスターベーションの経験のある20代から40代の男女600人に対して、「あなたがした後に寝つきがよくなったと感じるものは何ですか?」というインターネット調査を行いました。

その結果、1位が「マッサージ」、2位が「マスターベーション」でした。

マッサージの時に他人に体に触れてもらうと、セロトニンとオキシトシン、この2つの脳内物質が分泌されます。オキシトシンはセロトニンをより分泌させるホルモンです。

そしてセロトニンが分泌することにより、メラトニンが分泌されます。

このメラトニンは、睡眠と覚醒のリズムを調節する物質なので、マッサージにより、寝つきがよくなるのです。

では、なぜマスターベーションを行うと睡眠の質が改善するのか?

マスターベーションにより、男性も女性もオルガズムを得ます。オルガズムに達すると、大量のオキシトシンとβエンドルフィンが分泌されます。

このβエンドルフィンは鎮痛作用、鎮静作用が非常に大きな物質です。

特に鎮静作用はモルヒネの6・5倍もあります。また、オキシトシンによって、次第に不安が低下してきて、筋緊張が和らいできます。その結果、ストレスが解消され睡眠の質が良くなるのです。

しかも、マスターベーションは、マッサージと異なり相手が不必要なので、相手に対する好き嫌いに左右されず、自分のペースで好きな時に行うことができるのも、良い点です。

【オナニー健康法】不眠・ストレスを解消する就寝前オナニー〜

第三章　SEXを楽しむ

セックスは楽しいものです。

しかしながら中高年になってもセックスを存分に楽しむためには知識と努力が必要です。ゴルフを楽しむためには、どう打てばいいのか？という知識が必要ですよね。下手くそなままでは周りにも迷惑をかけるし、何よりも本人が楽しめません。

セックスも同じです。この章では、セックスを楽しむための知識を解説します。

セックスを楽しむための知識って何？　と疑問に思われる方もいるでしょう。例えば歯の神経に局所麻酔を注射すれば、無痛で歯を抜くことができます。麻酔がなければ死ぬほどの痛みとなります。

セックスの時の愛撫も同じです。快感を感じる神経の密度が薄いところをいくら愛撫しても、感じにくいですよね。しかも、その神経に対し

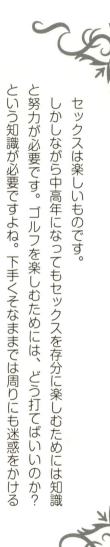

ても反応豊かな刺激方法と逆の不快に感じる刺激方法があります。

もちろん、神経だけではありません。クリトリス、Ｇスポット、Ｐスポット、唇、乳房からペニスまで、医学的、解剖学的に、効果的な刺激方法をお話しします。

セックスはコミュニケーションです。してもお互いが楽しくなければ、続きません。若い時であれば、体をぶつけ合うだけでも嬉しかったかもしれません。たとえ下手くそなセックスでも「お互いさま」と相手が目をつぶってくれたかもしれません。

しかしある程度の年齢になってくると、「相手のことを思いやり」「相手を気持ちよく」するコミュニケーションが多い、深いセックスでないと、関係は続きません。

本章を読めば、昨日のあなたよりも一段階進んだセックスができることをお約束します。

朝からビンビン勃起！ バックより寝バックが気持ちいい～
中高年のセックス 生の声から

女医が教える
中高年のためのセックス講座

他の人はいつ、どんなセックスをしているの？
調査結果をご報告します。

中高年はいつセックスをする？

人生100年時代を生きる、日本人中高年の性事情について、「第32回日本性機能学会東部総会」で、1万3907人の中高年を対象とした性事情オンラインアンケート調査を発表させていただきました。

研究対象は、私の運営するFacebookのオンラインコミュニティ、「富永喜代の秘密の部屋」のメンバーです。

2025年1月現在で、1・6万人に成長しております。真面目に大人の性を語る非常に活発なコミュニティです。調査期間は2022年の3月から10月。他の人たちの今を知ることによって、自分に役立てることができます。

今回は質問と回答の紹介、そして考察をしていきたいと思います。

「皆さんは、パートナーと何時にセックスし

ていますか？」

人の体というのは、動物行動学的には夜にセックスするようにできていると言われています。しかし調査では、中高年になると非常に多くの人が、午前中や昼時にしていることが分かりました。

男女231人の複数回答によると、その3分の1は、早朝から午前中の間にセックスしています。理由はいくつか考えられますが、男性の勃起に大きく関与している男性ホルモンのテストステロンは朝にたくさん出るため、その勃起力を活かしていると考えられます。

その他は、昼食を食べたあとの昼下がりと、22時から24時が一番多く、24時以降にされる方もいます。あまり時間にとらわれず、自分の体力に合わせてしているというのが中高年のリアルセックスなのです。

「前戯にかける時間はどのくらいですか？」

中高年になると慣れたパートナーとするという人が多くなってくると思いますが、では前戯にかける時間はどのくらいか。男女178人の回答です。

一番多かったのは30分から60分でした。15分未満は極端に少なく、1時間以上かけるという方も2割いました。ただ注意点として、これは実際にタイムを測ったわけでなく、体感であることです。一般的に前戯は男性から女性に行う時間が長くなりますが、受けている側は短く、している側は長く感じるという研究報告があります。

中央値などを鑑《かんが》みて、30分前後というのが平均時間かもしれませんね。

「若い時に好きだった体位は？」

1位●正常位、2位●騎乗位、3位●後背位、4位●側位、5位●立位後背位

中高年になると関節が硬くなったり、筋力が低下したりと、体の変化とともに、好きな体位も変わってくるのではないかと質問してみました。男女149名の結果です。

立位後背位は、いわゆる立ちバックと呼ばれるもので、若さの象徴だと思います。なぜなら中高年になってくると足腰が弱まってきますので、男性側はパートナーを抱えて女性側は片足立ちで……というスタイルが辛くなってくるからです。

一方、中高年となった現在のほうはどうでしょうか。

中高年の好きな体位は？

「中高年になってからの好みの体位は？」

1位●正常位、2位●騎乗位、3位●寝バック、4位●側位、5位●後背位

1位、2位は若い頃と変わりませんが、3位に寝バックが入っています。

寝バックは女性がうつ伏せになり、男性が覆いかぶさるように背面から挿入を行う体位です。お互いベッドに体重を掛け合うので体

勢が安定し、中高年にも優しい体位でしょう。４位は側位、５位がバックです。若い頃よりバックの順位が落ちています。不人気の理由は、女性が痛みを感じやすい体位だからでしょう。

若い頃に比べて関節が硬くなったという理由以外に、筋肉量の低下により内臓の位置が変わることで、下から突き上げられると痛みを感じやすくなってしまうこともあります。

真逆の質問もしてみました。

「苦手な体位はなんですか」

１位●アクロバティックな体位、２位●ソフトを含むＳＭ、３位●正面立位、４位●立位後背位、５位●電マやラブグッズを使ったプレイ

男女２３１名による回答です。１位は駅弁のようなハードなものです。かつてはできたかもしれませんが、年を重ねると肉体的に厳しくなったというのはリアルな声だと思います。３位４位に立位系がありますが、中高年の足腰の減弱、弱さを反映しているかもしれません。

中高年になったらその時々に、お互いのパートナーと納得して楽しめる、ストレスがなく楽しめる体位を選んでいただけたらいいなと思います。

すぐ使える！女性がメロメロ
60代モテ男を作る法則

女医が教える 中高年のためのセックス講座

女性にモテる男になるためには
どうすればいいのか？ 科学的に説明します。

女性と男性では心理が異なる

一般的にモテる男とはどんな男なのでしょうか。著書が累計5000万部売れている恋愛のプロ、ジョン・グレイ博士の『ベスト・パートナーになるために：男は火星から、女は金星からやってきた』（三笠書房）がモテる男になるためにはどうすべきかを、言語化してくれています。

著書によると、男性と女性の心理の差を知ることは、孫子の兵法と同じであり、相手のことを理解しないと、こちらがいくら兵力を持っていても勝てません。

そもそも女性は、男性には自分を中心に考えて行動してもらいたい生き物で、他方男性は女性から認められたい存在です。このような男女の心理の差があり、まったく交わらないのです。この差に気づいている男性こそがモテる男であり、彼らはそれを理解して行動に落とし込み、実践しているのではないかと、ジョン・グレイ博士は考えます。

女性は大切にされたい、気に掛けてほしい、分かってほしい、共感してほしいと思っています。相手に愛を分け与える前に、自分が精神的に愛で満たされているかどうかがスタートなのです。男性は、下から上に見上げてほしいというようなイメージを持っています。承認欲求とプライドが高く、この人はできる、すごいと相手に思われることで、高いパフォーマンスを発揮できる生き物なのだと博士はおっしゃっています。それを踏まえ、日本で行われたモテ男のアンケート結果を紹介します。５０２名の女性が参加しており、モテると思う特徴を回答しています。下にランキングの一覧を掲載しました。

「女性にモテる男の特徴・共通点ランキング」

（マイナビニュース会員502名女性　(株)マイナビ　2018年４月）

1位：清潔感がある
2位：尊敬できる
☆3位：礼儀正しい
4位：さわやかで清潔感のある服装・ヘアスタイル
☆5位：怖くない・威圧感がない
6位：自分にあったムリのないオシャレをしている
7位：顔がいい
☆8位：どの女性にも平等な態度で接してくれる
9位：声がいい
☆10位：下心が出ていない
☆11位：女性の動くスピードにあわせてくれる
☆12位：女性から話しかけやすい、話したいと思われる
13位：仕事に熱中している
☆14位：ほめるべきところと、ほめてはいけないところを知っている
15位：自分の趣味世界を持っている

☆コミュニケーション関連

1位「清潔感がある」、第2位「尊敬できる」、3位「礼儀正しい」、4位「爽やかで清潔感のある服装やヘアスタイル」、5位「怖くない・威圧感がない」、6位「自分に合ったムリのないおしゃれをしている」、7位「顔がいい」、8位「どの女性にも平等な態度で接する」、9位「声がいい」、10位「下心が出ていない」、11位「女性の速度に合わせてくれる」、12位「女性から話しかけやすい」、13位「仕事に熱中している」、14位「褒めるべきところを褒めて、褒めてはいけないところを知っている」、15位「自分の趣味、世界観を持っている」

どんな男性がモテるのか？

いろいろな意見が書かれているように見えますが、実は女性が見ているポイントはたった3つです。

1位「清潔感がある」は、もし子どもを産みたいと思ったとしても、ばい菌を持ち込まれると生命に関わります。これは抗生物質などなかった古来から持つ感覚で、清潔感があるというのは、命に直結しているからこそ重視されます。4位、6位も同じ理由です。

2位の「尊敬できる」ほか、13位「仕事に熱中している」などは、実はすべて男性ホルモンのテストステロンに影響されています。テストステロンがリッチであることは、繁殖能力に優れているということであり、そして闘争心やリーダーシップや責任感にあふれて成長する見込みがあると感じさせるのです。

また、精子の量が多そう、元気っぽい、筋肉質、私を守ってくれる……など、子をたくさん生んで守ってくれると思われる指標がテストステロンの量なのです。

7位「顔がいい」というのもテストステロンのシンメトリーの法則からきています。シンメトリーの法則というのは、左右対称の顔であること。つまり体の中の欠損部分が少ないだろうという判別の指標になっています。

9位「声がいい」。これも声帯の左右の、健全さと対称性をテストステロンの影響として、本能で見極めるから、声がいい男はモテます。ただし、テストステロンの分泌量は、男性の場合は、大体、18歳、19歳の頃がピークで、そこから徐々に落ちてきます。

それでは60歳からモテるにはどうすればいいのでしょうか。テストステロンのクリームで補充する手もありますが、20代、30代の男性よりもモテるには、テストステロン要素以外を磨けばいいのです。

3位「礼儀正しい」、5位「威圧感がない」、8位「どの女性にも平等な態度で接する」、10位「下心が出ていない」、11位「女性の速度に合わせてくれる」。すべてコミュニケーションに由来するものばかりです。

先ほども述べたように、女性は自分を中心に考えますから、自分に気遣ってくれるから優しいコミュニケーションを取ってくれているのだと考え、モテるわけです。

女医が教える！　忘れられない『キス』テクニック～

最も感じるキスの快感圧力、吸引圧と前戯の本質

女医が教える
中高年のためのセックス講座

キスが上手な男性は素敵です。なぜ、そんなふうに感じるのか？　唇の秘密についてお話しします。

唇は粘膜でC線維が豊富

とろける、相性がいい、セックスがうまそうだとか、キスには特別な前戯のイメージがありませんか？　実はキスが特別であることには理由があります。粘膜だからです。

唇の粘膜である口唇粘膜は、他の皮膚や粘膜と異なり、自由神経終末が豊富です。自由神経終末といえばC線維です。

C線維とは、私たちの体の中で愛撫のために発達してきた感覚神経です。柔らかく優しい刺激に反応します。

痛さを伝える感覚神経には、強い、硬い、熱いなどの感覚を脳に伝えることで危険なことから逃避させ、体を命の危険から守る役割があります。しかし、その中のC線維は、愛撫やセックスの快楽を伝えます。その線維が唇に密集しているため、唇を刺激するということは、極めて重要な性行為であるのです。

C線維は温度や湿度、圧力に対してとても

敏感です。ゆっくり、ねっとりと柔らかい刺激のあるキスのほうが感じやすいのです。ただし、人によってその感じ方は異なります。

唇への最適刺激圧はいくらくらいでしょうか。愛している人に快楽を得てほしいならば、どれくらいの圧力を唇が求めているのか知っておきましょう。

唇には感覚受容体があり、どのくらいが最適であるかという調査が行われています。研究によると、0・196から0・49ニュートン（圧力の単位）です。イメージしやすく言うと、20グラムから50グラム程度のごく軽い物体が唇に軽く触れる圧力となります。これは練習できると思いませんか？　20グラムといえば、軽いペンとか、イチゴなどの小さめ

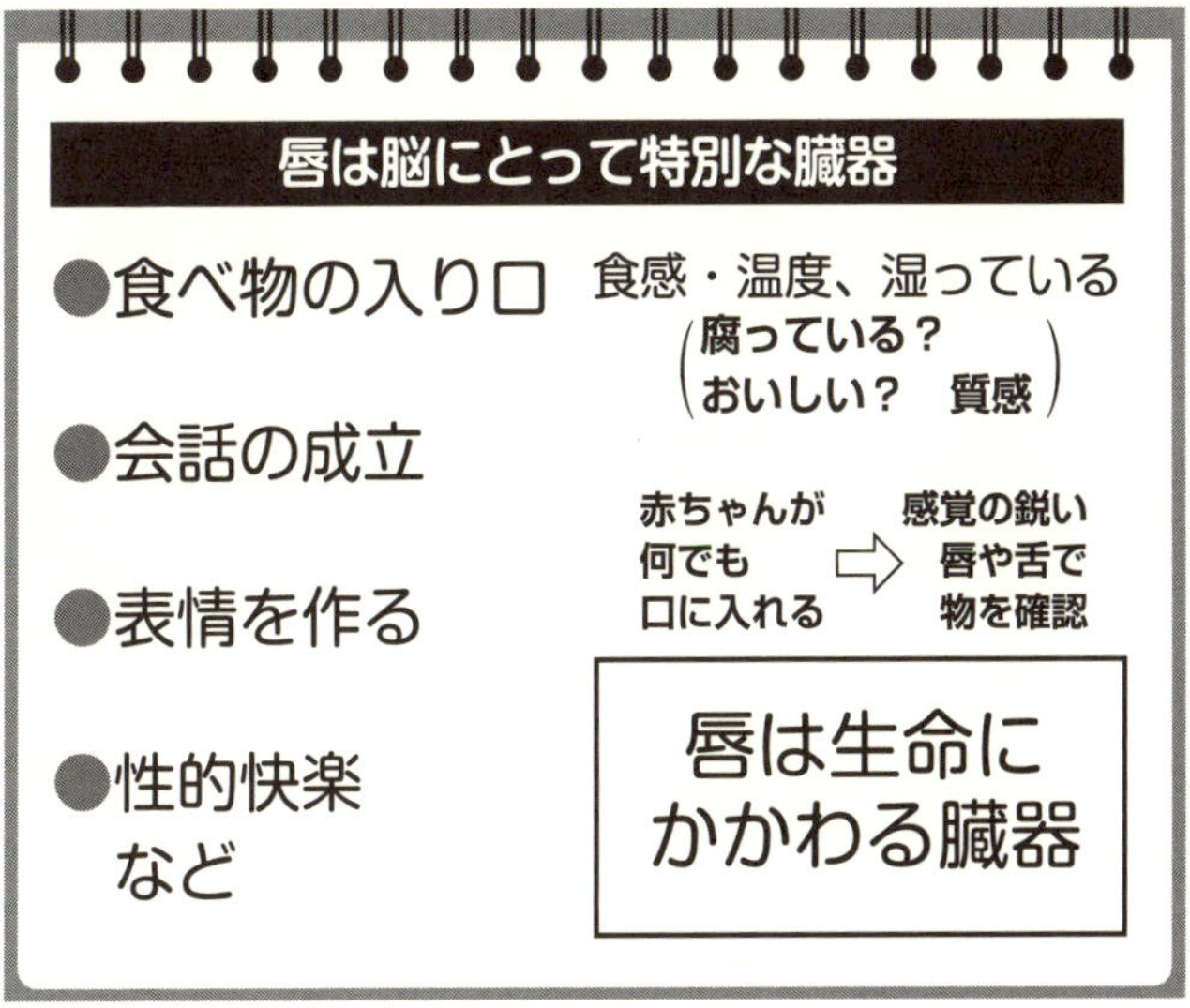
唇は脳にとって特別な臓器
●食べ物の入り口
食感・温度、湿っている
（腐っている？
おいしい？　質感）
●会話の成立
赤ちゃんが何でも口に入れる
感覚の鋭い唇や舌で物を確認
●表情を作る
●性的快楽
など
唇は生命にかかわる臓器

の果実とか、もしくはチョコレートの1片などです。それが軽く唇に触れた感じの圧力が最適刺激圧なのです。

逆に、唇には感覚神経がたくさん走っており、痛みにも敏感です。掃除機みたいに吸ってしまうと、激しく痛みます。ちなみに、不快と感じる唇の刺激圧は150グラムエフ（力の単位）以上とされています。つまり、150グラムのものが手の平に乗っている感覚です。それくらいの力を唇に押し当てられると相手は不快に感じることになります。150グラムというと小さいスマホなどの重さですね。

ドラマや映画では、押し当てるだけのキスだけでなく、唇をちょっと吸うようなキス、舌を絡めるようなキスも観たことがありますよね。では吸引圧力として、どのぐらいが適正なのか？　気持ちいいと感じるのと不快に感じる圧力の境目は50～70ミリメーターHgとされています。気持ちいい圧力のほうはストローで水をすっと吸うぐらいの圧力。50～70だと、スムージーやシェイクを吸い上げるくらいの圧力です。

柔らかくて愛おしい唇だからこそ、ちょっと思い切って吸ってみたくなる。そういう気持ちは分かりますが、相手が痛みを感じてしまうと次のステップである、オルガズムに行きにくくなってしまいます。優しい吸引圧を心がけてください。

唇は特別な臓器

キスが特別である理由。そのもう一つは、唇が脳にとって特別な臓器であるということです。

唇は食べ物の入り口です。人は食べなければ死んでしまうことから、古来より食感、温度、質感がよく分かるように発達してきました。赤ちゃんには、何でも口に入れてしまう時期があります。手で握ると同時に、口の中に入れてその物体を確かめよう、感覚の違いを楽しもうとしているのではないかと考えられています。

また、しゃべっていると唇がたくさん動きます。人間は社会性のある動物ですから、会話を成立させるためのコミュニケーションは必要不可欠です。話すためには唇は微細な動きを司らなければいけません。また唇は表情も作ります。表情を作るためにも、とても細かい微細な動きができなければなりません。

一方、唇でキスをするのは性的快楽です。性行為における重要な前戯の導入口であり、遺伝子を次世代に残す臓器ともいえます。

唇は私たち人間にとって、生命に関わる臓器であり、相手の唇と重ね合うということは、命と命の触れ合いでもあるのです。ですから、キスは他の前戯とは違う、特別な行為であるのです。

中高年以降も女性を虜にする極上SEXとは　性交痛外来女医が教える　大人のセックス

女医が教える　中高年のためのセックス講座

特に中高年になってから、女性を満足させるセックステクニックは何でしょうか？

というようなセックスレスのカップルは、男性の場合はＥＤが進行してしまったり、女性の場合は膣の分泌能力や弾力性が低下して濡れにくくなったり、入り口が固く奥が狭くなることによって性交痛を引き起こしやすい体になってしまったりします。また、精神面においても脳内ホルモンを整えておかないと、いざという時にイキにくい体になってしまいます。

そうならないために、今回は女性が感じる、女性を虜《とりこ》にする中高年の極上セックスについてお話しします。

女性の満足度を上げる3つの法則

中高年の性機能は、使わなければ劣化するのが基本です。

ホルモンのテストステロンの分泌は思春期から20代にかけての時期がピークで、何もしなければ年とともに自然と落ちていきます。

だから2、3カ月に1回しかセックスしない

女性のセックス満足度を上げる3つの法則

①セックス前に、パートナーと気持ちを通い合わせる

②セックス後に、親密さを感じること

③愛されていると感じること

女性のセックス満足度を上げる3つの法則を紹介します。2000年にエリソン博士は次のように報告しています。

1つ目は、セックス前にパートナーと気持ちを通い合わせておくことです。セックスに至る前は横柄な態度を取っておきながら、いきなりセックスの時だけスイッチが入って優しくしたり、一生懸命愛撫したりする、という行動は間違いです。女性の場合、セックス前のコミュニケーションも、セックス満足度に大きな影響を与えているという認識を持っておきましょう。

2つ目は、セックス中に愛されていると女性が感じることです。自分がしたいから今する、自分が挿れたいから今挿れる、自分がし

たいから付き合え、といった独りよがりのセックスなどは論外です。これでは女性は愛など感じません。

3つ目は、セックス後に親密さを感じることです。挿入して射精して終わりではなく、その後のコミュニケーション次第で女性の満足度は上がり、愛おしさを感じたり、次もまたしたいという気持ちになるのです。

アウターセックスの重要性

高齢者カップルのセックスについては、前戯に重きを置くことを推奨している報告がたくさんあります。特に勃起力の低下や濡れにくさによる性交痛の問題などを抱えている場合は、愛撫や抱擁、キスなどのアウターセックス、つまり挿入のない性的刺激で、彼女に愛していると伝えましょう。それだけでも女性は性欲が満たされることもあると理解してください。

また、女性ホルモンも重要なポイントです。なぜ妻はセックスを拒否するようになってしまったのか。これには加齢によるホルモンの減少も大きく関わっています。

50歳前後といえば閉経時期であり、更年期のストライクゾーンでもあります。濡れにくい、性交痛を感じるという理由から、セックスを避けられているかもしれません。そこでアウターセックスです。またセックス前のコミュニケーションを見直し、セックスに至るまでには前段階があると意識することが非常に重要なのです。

例えば「エストラジェル」をパートナーに塗ってあげるのもコミュニケーションの1つです。エストラジェルでマッサージされると、いつもより感じる、したくなるという女性は少なくありません。

このジェルに入っているのは乳酸菌や膣の補修剤、栄養剤です。これをパートナーに塗ってあげることで、女性ホルモンの低下で影響が出やすい外陰部などのデリケートゾーンのケアをしながら、感度も上げていくことができます。

男性が女性にこれを塗ってあげることにより、女性は、「パートナーにデリケートゾーンのケアまでしてもらっている」という自信を持ち、そのこともまた、性感を上げます。

人生は有限、セックスができる時間も有限。しかも何もしなければ機能が落ちてしまいます。ですからアウターセックスは、非常に大事なのです。

男性は、挿入できなくなったらセックスは終わりという価値観をアップデートし、理解することを女性に求められているのです。

パートナーは、いつまでもあなたに愛してほしい、愛されたいという価値観で生きているかもしれないのに、挿入できなくなったから終わりと自分勝手に決めつけると、相手の気持ちが置き去りになってしまいます。

それに気が付きましょう。

彼女にせがまれる お風呂プレイ ～コツは中指を浮かせる

女医が教える 中高年のためのセックス講座

女性の6割は性器のニオイを気にしています。そんな彼女にはお風呂プレイがベストです。

お風呂プレイをお勧めする理由

女性とお風呂に一緒に入るというご経験があるかと思いますが、今回は医学的に正しく気持ちのいいお風呂プレイについて解説していきます。

40代～90代まで、1万人の女性を対象に行った有名な調査があります。この中で女性性器のニオイに悩みがあると答えた人がどのくらいいるかご存知でしょうか。なんと15・6％、更年期の以降の女性6人に1人が悩んでいると答えているのです。

これには女性ホルモンが大きく関係しています。閉経すると女性ホルモンのエストロゲンが低下しますが、それにともなって血流、膣分泌が減少します。簡単に言うと、濡れなくなるのです。さらにエストロゲンが減少すると、膣のひだが平らになったり、上皮が薄くなります。その結果、乾燥や摩擦に弱くなり、セックスにおいては、「気持ちいい」よりも「痛い」の感覚のほうが強くなりやすいのです。

また、エストロゲンの低下にともない、乳酸桿菌も減少します。乳酸桿菌とは膣の中にある善玉菌の1つであり、ばい菌の侵入を食い止め、汚染や感染から女性の身体を守ってくれる役割をしています。これが減少すると悪玉菌が増え、ニオイとなるのです。

ではどうすればいいのかというと、冒頭に述べたお風呂プレイです。彼女のあそこを正しく洗う、きれいに洗う、優しく洗う。ニオイの元になっている悪玉菌をプレイしながら洗浄するのです。

前もって必ずやらなければいけないことが3つあります。それは「爪を切ること」「切っ

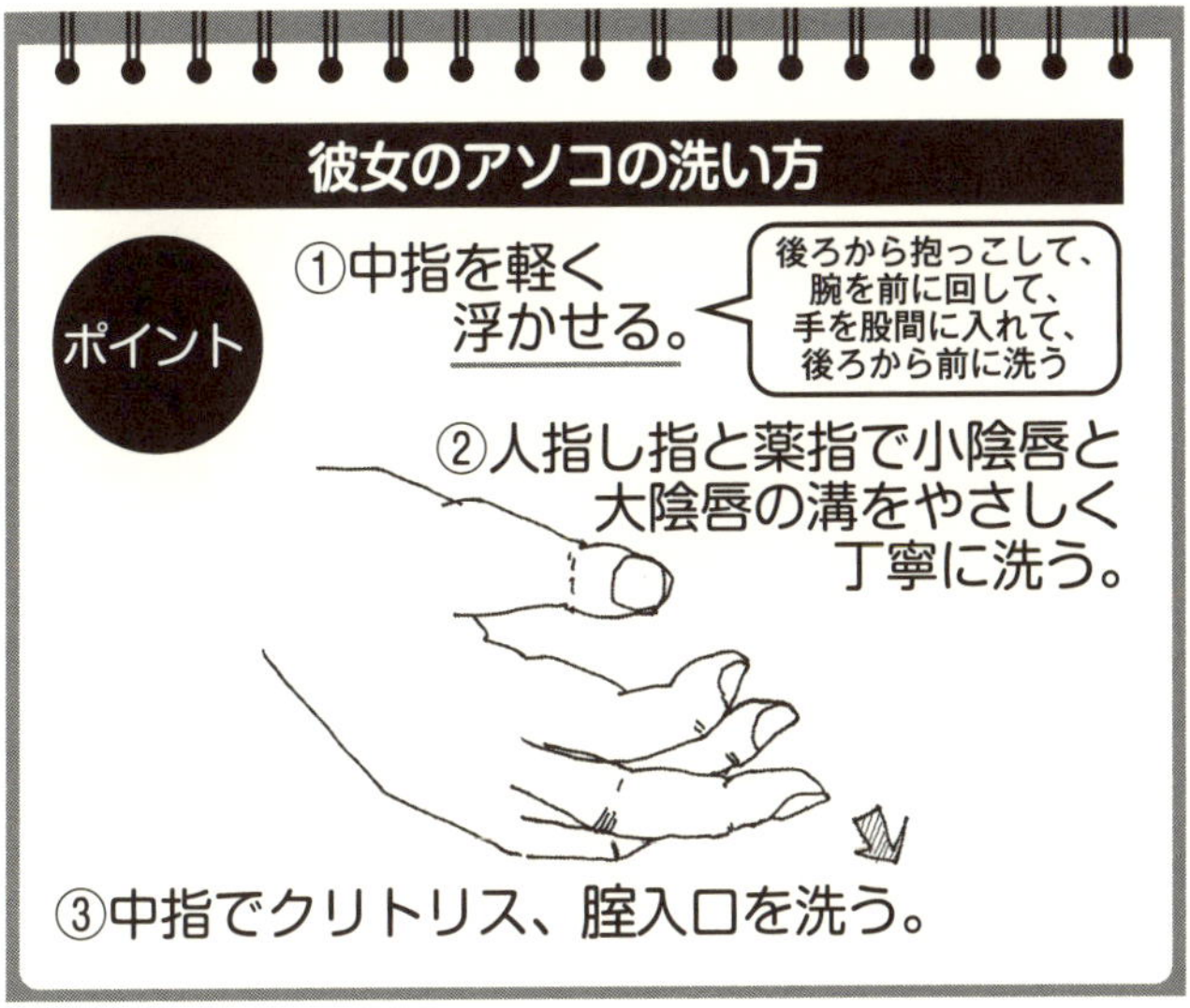
彼女のアソコの洗い方
ポイント
①中指を軽く浮かせる。
後ろから抱っこして、腕を前に回して、手を股間に入れて、後ろから前に洗う
②人指し指と薬指で小陰唇と大陰唇の溝をやさしく丁寧に洗う。
③中指でクリトリス、膣入口を洗う。

た爪にやすりをかけること」「手指の保湿を十分しておくこと」です。

かさかさした指先がクリトリスに触れて、もし痛みを与えてしまったら、その後のプレイにすごく不利になりますし、爪を切るという思いやりは、愛情表現につながる重要な要素です。

場所はお家のお風呂でOKです。ジェットバスがあるラブホテルをうまく活用してみてもいいでしょう。泡立つ入浴剤を使っても後片付けを考えなくていいなどの利点があります。

お風呂プレイのポイント

いざお風呂プレイを始める時、いきなりデリケートゾーンに触ってはいけません。お風呂プレイとは、前戯のための前戯ですから、最初からセンターを狙ってはいけません。

まずは密着する洗体プレイもいいでしょう。体を使ってお互い、洗い合いっこをします。鏡の前で洗い合いっこをするのもいいですよね。目から刺激を受けると非常に感度が上がり、興奮度も上がっていきます。ほのかに暗めの照明にして、ゆっくり入浴するのもプレイの一つです。女性は冷え性が多いですし、体を十分に温めてあげるというのは、非常に重要です。

そうやってじっくり時間をかけたら、いよいよ女性性器を洗っていきます。

女性性器は立体構造になっています。大陰

唇と小陰唇の溝の部分、ここは恥垢と呼ばれるアカが一番溜まりやすい場所です。次に、外尿道口から尿が出てくるわけですが、尿の垂れてくる膣の前壁あたりもアカが溜まりやすい場所です。

最後はクリトリス包皮です。特に更年期以降は、包皮が延びてくることがあるので汚れが溜まりやすくなります。

洗い方のポイントは３つです。

①外陰部に対して、中指を軽く浮かせながら前後に洗う。

②人差し指と薬指で、小陰唇と大陰唇の溝を優しく丁寧に洗う。

③中指でクリトリス周辺を優しく洗う。

ポジショニングとしては、彼女を後ろから抱っこするようにして洗ってあげるといいでしょう。小陰唇と大陰唇の間、この溝に、人差し指と薬指の指を優しく沿わせながら、中指は浮かせて、後ろから前へ５往復くらいしましょう。クリトリス包皮は、浮かせていた中指でなぞるようにして洗ってあげてください。膣の上部も同様です。

お風呂プレイについて一つ注意点があります。膣の中を石けんで洗ってはいけません。石けんが常在する善玉菌を殺してしまい、かえってニオイが強くなるからです。

閲覧注意！ フェラチオはここを攻める！ 亀頭冠と陰茎小体の2点攻めで欲情フェラチオ

女医が教える中高年のためのセックス講座

フェラチオはどこを攻めれば効果的なのか？ 解剖学の見地から研究してみましょう。

性感専用の特別な神経終末

性感帯といえば、耳や乳首、唇、脇、性器などが挙げられますが、その中で亀頭やクリトリスへの刺激は別格に感じるのはなぜでしょうか。それは、性的興奮を感じる神経の特別構造が、そこに存在するからです。

背中を触られるのとペニスに触れられるのでは、感じ方がまったく違うのは誰でも分かりますよね。その違いは神経にあります。性器の場合は、性感専用の特別な神経終末、C線維が走っているのです。

ちなみに神経は中枢神経と末梢神経に分かれます。中枢神経は脳と脊髄のこと。そして末梢神経は手や足、もちろん性器もそうですが、脊髄から生えている神経の総称です。

末梢神経は有髄神経と無髄神経の2種類に分類されます。有髄神経には神経を覆う特別な膜がありますが、無髄神経であるC線維はそういう膜に覆われておらず、非常に細いものです。そのため他の神経に比べて、伝達速度が遅いのです。太い電線をイメージしてもらえれば分かりますが、太い電線だとたくさんの電流が一気に早く走ります。しかしＣ線維は、細いので伝達速度が遅いのが特徴です。

Ｃ線維は、毎秒３～10センチの一定の速度で、軽く優しく撫でられた場合のみ反応する、特別な線維です。このことから愛撫の感知器ともいわれています。

だからペニスの先を強く擦り上げたり叩いたりといった刺激には一切反応せず、気持ちがよくないのです。亀頭やクリトリスには、弱い刺激にしか反応せず、柔らかくてゆるくて優しい刺激を好む線維しか走っていません。爪を立てたり歯が当たると痛みを感じ、逆に柔らかく舐められると気持ちよくなるのは、そのように体の仕組みができているからなのです。

もう少し踏み込んでみましょう。

性器のＣ線維というのは、均一に走っているのではなく、密集している部位があります。女性性器の場合だとクリトリス亀頭です。大陰唇、小陰唇、肛門の周りと、いろいろな性感帯がありますが、Ｃ線維密集しているのはクリトリス亀頭です。

男性性器の場合は２カ所あり、亀頭冠と陰茎小帯です。亀頭冠とは、陰茎の先、亀頭のカリの部分を言います。またペニスの亀頭の裏側のカーテンのひだのように皮膚が集まっている部分が陰茎小帯です。ここにＣ線維が

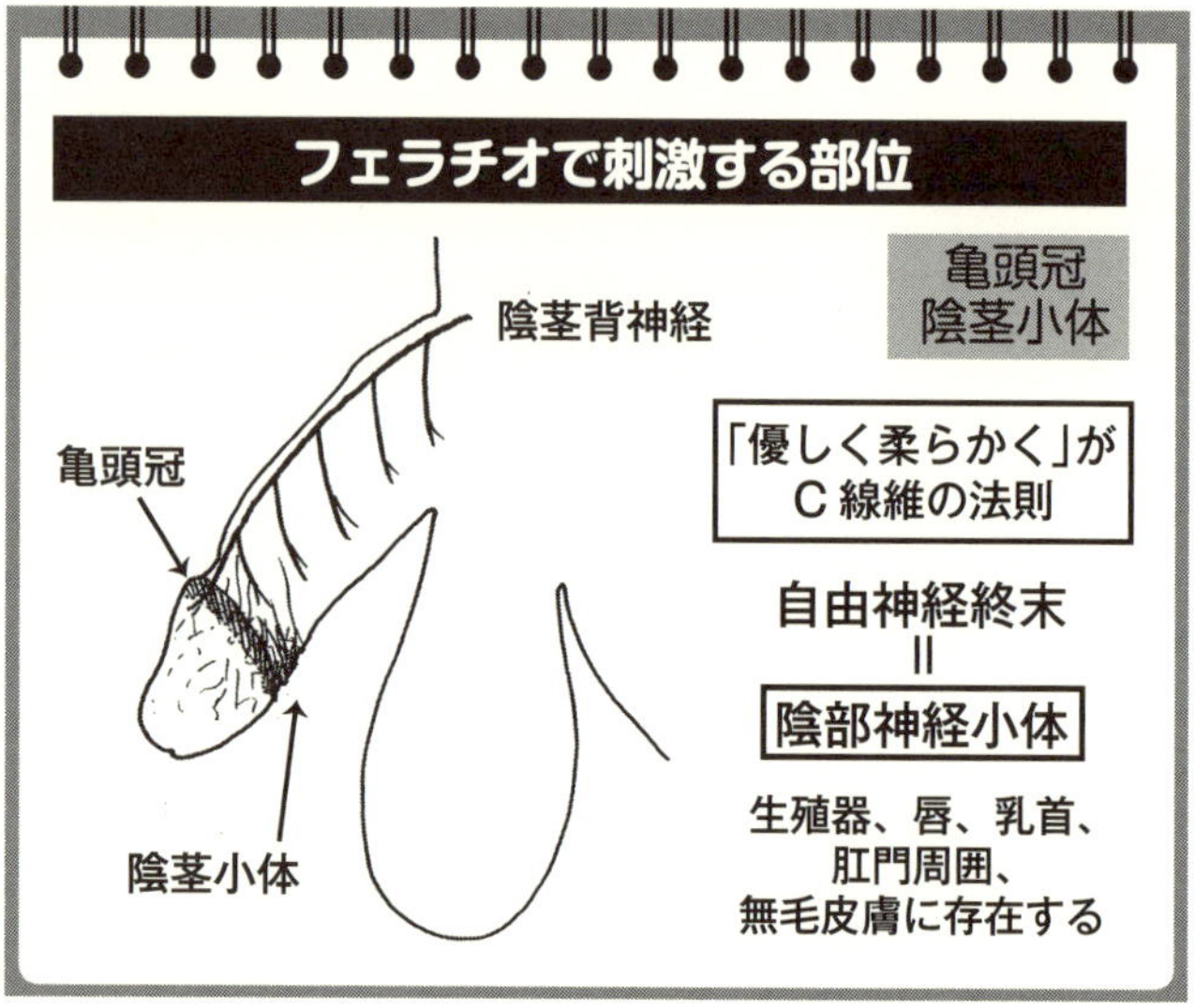

豊富に集まっています。

フェラチオは顎が痛くなるので苦手、どの部分を舐めていいのか分からないという女性はこの2カ所を集中的に攻めるといいでしょう。もちろん優しく柔らかくしてください。引っ張ったり、痛みをともなう強い刺激はマイナスです。

クリトリスや亀頭同様に、唇や乳頭、肛門周囲など、毛が生えない場所にもC線維が走っていて、極めて強い性感帯となっています。

歳を取ると感じにくくなるワケ

しかし残念ながら、C線維は加齢にともない変化していきます。震えたり、押さえたり、触れるといった、触覚、圧覚、振動覚などの感覚に対してだんだん鈍くなってくるのです。

歳を取ると元々遅かったC線維の伝達速度もますます遅くなります。さらに感覚中枢の機能も低下していきます。

歳を取って認知機能が落ちていくように、同じ刺激を受けたとしても、脳の感度はだんだん落ちていくのです。だからこそ若い時は敏感で早漏気味だったものが、慣れもありますが、歳を取ると鈍感になり、遅漏になったり、快感を感じにくくなったりするのです。

その上、皮膚の性質も変わってきます。若い時と比べると肌の張りがなくなり、水分の保持力も落ちてきます。皮膚のたるみやしわができてきてしまいます。加齢とともに皮膚の神経のセンサーも少なくなり、神経の密度が薄くなり、センサーが鈍くなります。さらに皮膚がたるんでしまうと、同じ刺激に対して神経に伝達もしにくくなり、同じ内容のフェラチオをしてもらっていても、歳を取るほど感じにくくなってしまうのです。

クリトリスの真実～女性の3大性感帯クリトリス、Gスポット、Pスポットの特徴を大解剖

女医が教える中高年のためのセックス講座

性機能は女性と男性とでは大きく異なります。女性の性機能の特徴から仕組みまでを詳しく説明します。

性機能の女性と男性の違い

女性の性機能、性感帯において男性と大きく異なる点は3つあります。

第一に、セックスをしなくても、女性の性機能は完全に失われることはありません。たとえば若くして修道院に入ると、性的な情報はシャットダウンされるし、性的な経験ができません。しかしながら、その場合でも、亡くなる前まで性機能がなくなる、喪失してしまうことはないのです。

第二に、長いことセックスレスだったとしても、性的刺激がもう一度加わってくると機能は回復します。

男の人も同じだと思われるかもしれませんが、男性の場合は長期間オナニーもなくセックスもないと、更年期以降にペニスの海綿体の線維化が進んでしまいます。それに血管の動脈硬化も加わると、勃起する力については、たとえ薬を飲んだとしてもなかなか取り戻す

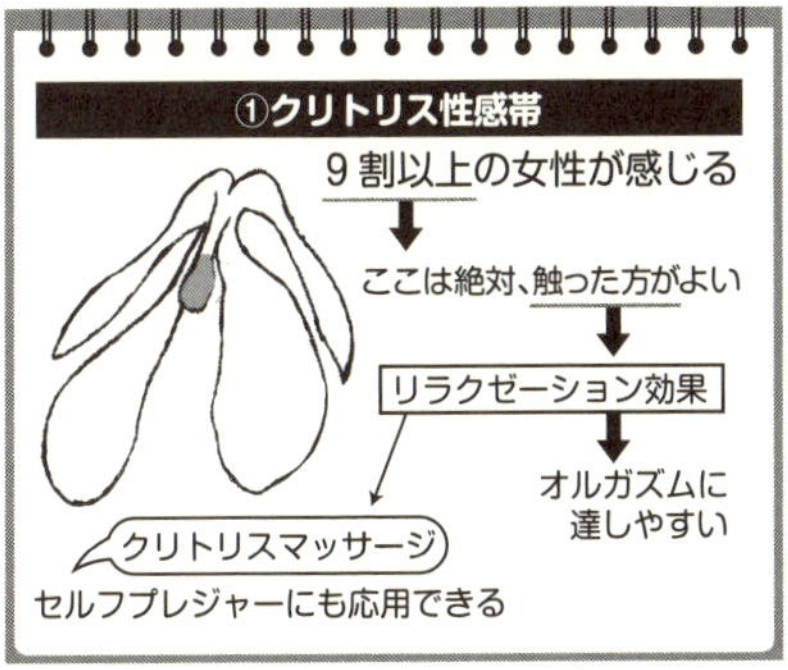

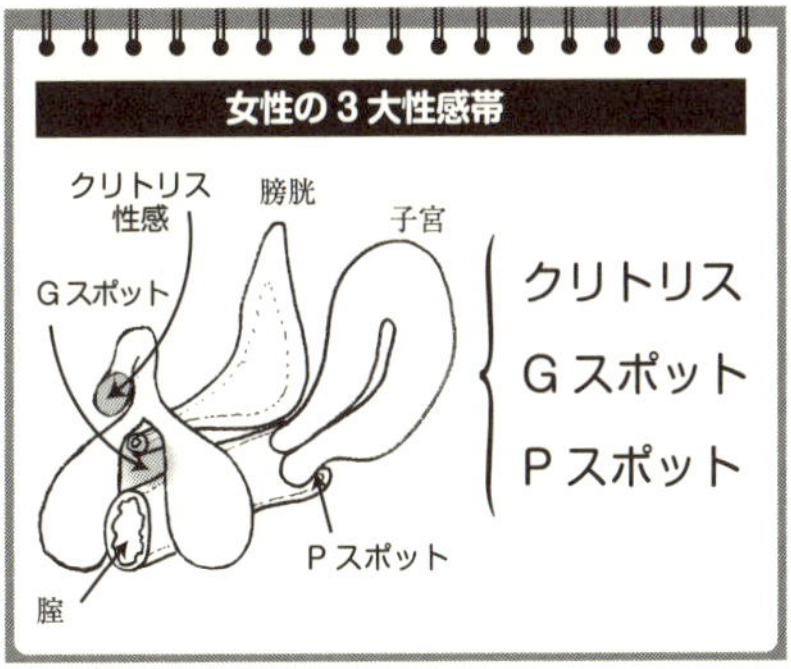

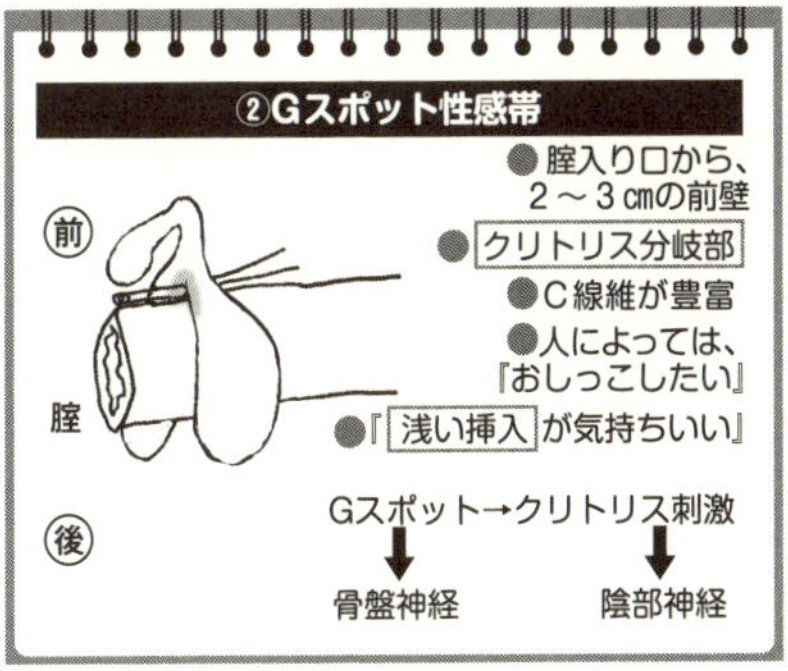

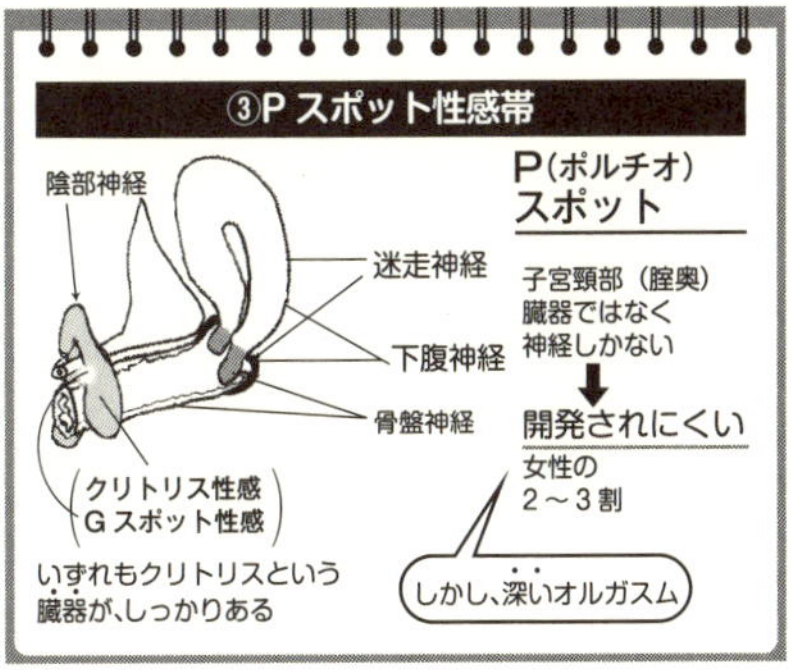

ことができません。
　一方、女性はしばらくしていなければ膣の萎縮は起こってきますが、女性ホルモンのエストラジオールの追加やフェムケア等によって柔らかさや潤いを取り戻すことも可能です。これが男性と女性の大きな差になります。
　第三は、性感の開発です。男性はオナニーをしてペニスへの局所刺激によって快楽を得ます。男性の9割以上がセルフプレジャーをしているのに対して、女性のセルフプレジャー率は6割程度です。しかも、「これでいいのかな」と手探りでしている人もいたり、パートナーによって体の反応がかなり違ったりしています。年齢がいくつになっても、学習によって性感帯が新たに開発されうるというのが大きな違いです。

まずは女性の性感帯の、「基本の基《き》」をお伝えします。9割以上の女性がオルガズムを得ることができる王道を、まず押さえておきましょう。

クリトリスは性感のための臓器

最も感じやすい女性の三大性感体は、クリトリスとGスポットとPスポットです。

外から見た女性の外性器は前ページの図のようになります。

この図で、印が付いているところがクリトリスです。そして、膣の入り口があり、膣の奥には子宮があります。

三大性感帯を体の前側から見ていくと、まずはクリトリスですが、体表に出ているのは小指の先くらいの、クリトリス亀頭と呼ばれる先の部分だけです。実はクリトリスというのは、ほとんどが皮膚の下に存在している、性感に特化した臓器です。ということは、クリトリスへの刺激が最も効果的で、そしてオルガズムを得る最端部となります。ただ、そのほとんどは体の中にあることがポイントで、胃とか腸みたいに本当に深部にあるのではなく、体表からほんの2センチくらいの浅い場所にあります。

クリトリスの体内にある部分は二股に分かれており、膣を取り囲む立体構造になっています。Ｇスポットは膣の奥２、３センチ、前面にあることが多いです。最後のＰスポットは聞き慣れないかもしれませんね。子宮入り口の子宮頸部エリアと、後ろの円蓋と言われる部分にあります。Ｐスポットは膣の一番奥のかなり深い位置に存在しています。女性性器はそういう立体配置、神経回路となっています。

　もう一度角度を変えてクリトリス、Ｇスポット、Ｐスポットについてまとめてみましょう。

　正常位からの視点だと上からクリトリスがあり、次におしっこの出口、外尿道口があります。そして、膣の入り口があります。クリトリス本体は、ほぼ体の内側にあって体表に出ているのはクリトリス亀頭と呼ばれる先端だけ、しかも場合によっては包皮に覆われています。

　Ｇスポットといわれるのは膣の入り口、体の前面のおへそ側のエリアにあって、Ｐスポットはペニスが挿入された奥の子宮頸部と呼ばれる周辺になります。体表からはかなり奥の部分で8センチから10センチぐらい奥の部位になるので覚えておきましょう。

セックスが上手い男確定！ 確実に彼女を中イキさせるテクニック～
まずはクリ刺激からGスポット攻め、最後はPスポットまで

女医が教える
中高年のためのセックス講座

女性にエクスタシーを与えるために、クリトリス、Gスポット、Pスポットなどについて学びましょう。

クリトリスの豆はごく一部

クリトリス性感帯についてお話ししましょう。

多くの方々はあのプツッと出ている豆みたいなものがクリトリスだと思っているでしょう。実はその豆はクリトリスのごく一部にすぎません。クリトリスは体の中、表皮の下にある大きな臓器です。その特徴は、性感を得るための性に特化した臓器だということです。

大切なのは、女性の9割以上はクリトリスへの刺激によって性的刺激を感じられるようになっているという点です。ということは、セックスの時には絶対に触るべきで、刺激するべきなのです。

ただし、C線維が発達して感覚神経の塊のような場所なので、強い刺激とか、こするとか、摩擦が強すぎる刺激にはすぐに痛みを感じます。そういう優しく舌で舐める、軽く触

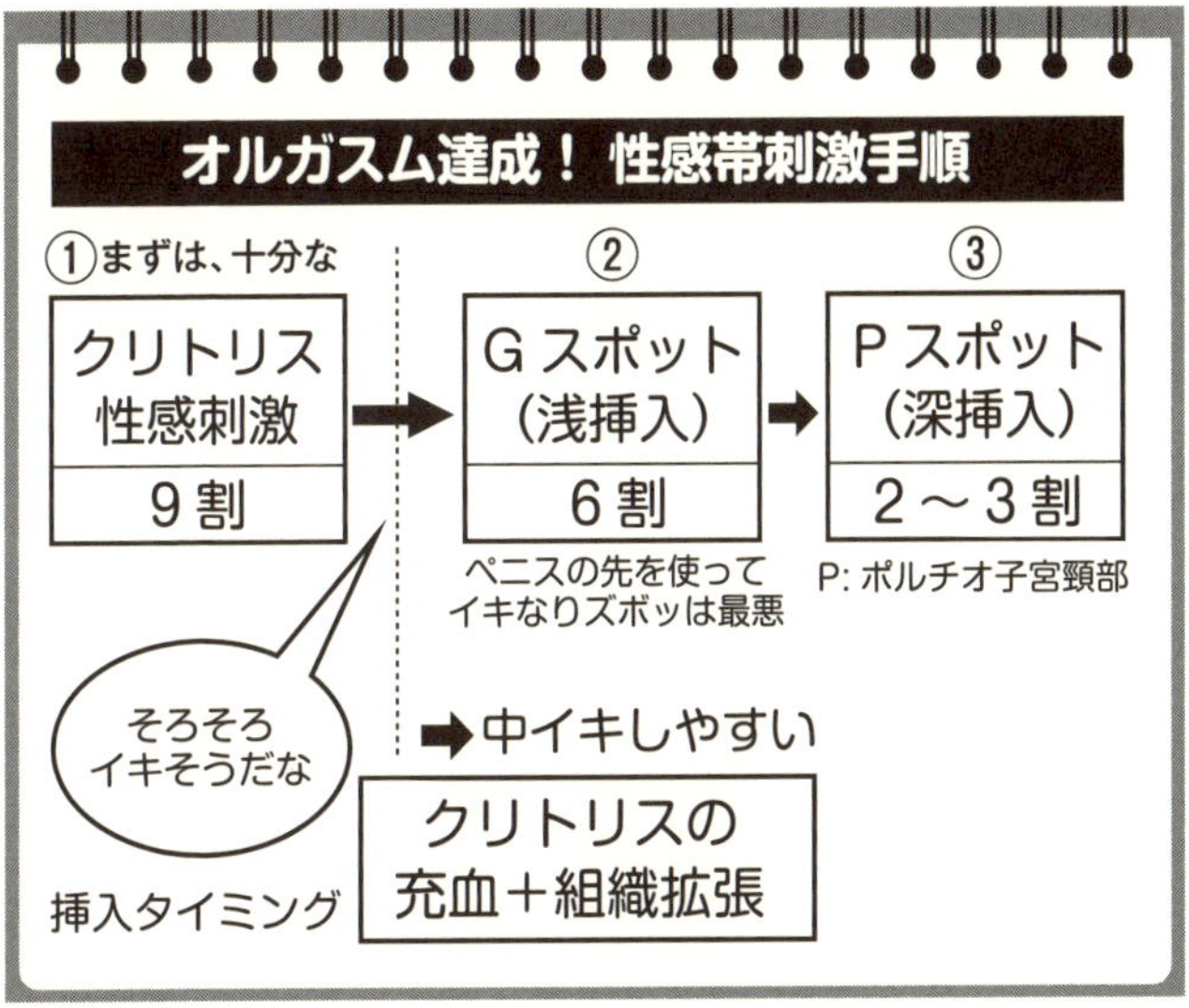

れるなどの、柔らかい刺激を好む神経の塊だと思ってください。

クリトリスを刺激すると性的な刺激も効果的に得ることができますが、同時にリラクゼーション効果があることも分かっています。女性のオルガズムの絶対条件は、副交感神経が活発に動いてリラクゼーションがあることです。そうでなければ絶頂に達することはありません。クリトリスを上手く優しく刺激するのは、リラクゼーション効果を得られ、女性をオルガズムに導く最短の近道なのです。

Gスポットとは何か?

よくGスポットという言葉を聞きますね。

ドイツの産婦人科医グレフェンベルグ博士の、頭文字のGを取って『Gスポット』と言われるようになりました。

通常、Gスポットは膣の入り口から2、3センチ内部に入ったところ、へそ側にあると言われています。どうしてGスポットが感じるかというと、体内の立体構造に理由があります。膣から2、3センチの前壁は、ちょうど体内にあるクリトリスが、二股に分かれる分岐部になっています。この分岐部は、元々性のために特化したクリトリスの中でも、性感刺激を敏感に感じ取るC線維が特に豊富にある部分です。

そこを膣から入ったペニスが刺激することによって絶頂、オルガズムを迎えるという考え方になります。Gスポット周辺にはもう一つ、膀胱につながる尿の管があります。なので、挿入刺激によって、おしっこがしたくなる女性もいるのです。

女性の中には、浅い挿入が好きだという人もいます。深い挿入だと痛くなってしまう体質の人です。これを口頭で伝えてくれるとありがたいのですが、口に出す女性はなかなか少ないものです。奥深く挿入したら女性は気持ちいい、というのは勝手な思い込みなのです。

奥まで挿入すると、クリトリスを通過してしまうので、それよりは浅いところ、クリトリスの分岐部をペニスの先で刺激してくれたほうが気持ちいいと思っている女性も、たくさんいます。

浅い挿入はGスポット刺激、つまり、間接的なクリトリス刺激になります。クリトリスを刺激してくれたら、陰部神経を介して脳に快楽が走ります。

Gスポットは骨盤神経です。クリトリス分岐部の陰部神経刺激と、両方とも刺激できるので下半身にはグッときて、刺激、オルガズムを得ることができる、そういう仕組みになっています。

最後に、Ｐスポット性感帯についてです。Ｐというのはポルチオのことです。ポルチオとは膣の奥の子宮頸部のエリアになります。膣の入り口からグググッと入った一番奥です。Gスポットでオルガズムに達する人は女性の6割とされていますが、Ｐスポットはさらに減って2、3割でしょうか。

Ｐスポットは下腹神経と脳から直接伸びる迷走神経の刺激になります。迷走神経は脳から直接生えているので、なんの刺激がなくても妄想だけでイクこともあります。

いわゆる「脳イキ」です。脊髄損傷を患った方でへそから下の感覚がなくても、オルガズムを感じることができたという報告がその論拠になっています。

相手を気持ちよくさせる、オルガズムを達成させるには、的確に性感帯と呼ばれるものを把握して、彼女の好む性感帯を彼女が望んでいる通りの刺激で与えればいいのです。

女医が教える
中高年のためのセックス講座

イカせる正常位の基本：ピストン運動リズム編〜「いつものアレ」でドーパミンがドパドパ、脳が快楽に溺れます

女性をイカせるためにはどうすればいいのか？
まずは自分のオナニーから想像してみましょう。

女性をイカせるには？

なぜ、あなたはセックスをするのでしょうか？　その理由は3つあります。

まず、①愛情表現であること。②ふれあい。コミュニケーションとしてのセックス、です。③は性的快楽の追求です。簡単に言うと、オルガズムを与えてくれる、絶頂まで導いてくれる、それが達成できる相手は「セックスがうまい人」になります。性的快楽を追求してセックスをするのだから、当然お互いがオルガズムに導かれることを期待します。

相手がイッたかどうかは、男性なら射精した段階で分かります。しかし相手の女性がイッたかどうかの判別は、とても難しいのです。そして女性はそのことをなかなか口にしてはくれません。

ならばどのようにしてオルガズムを確認すればいいかというと、自分自身の体験と照らし合わせて、自分のオナニーと比較するのが

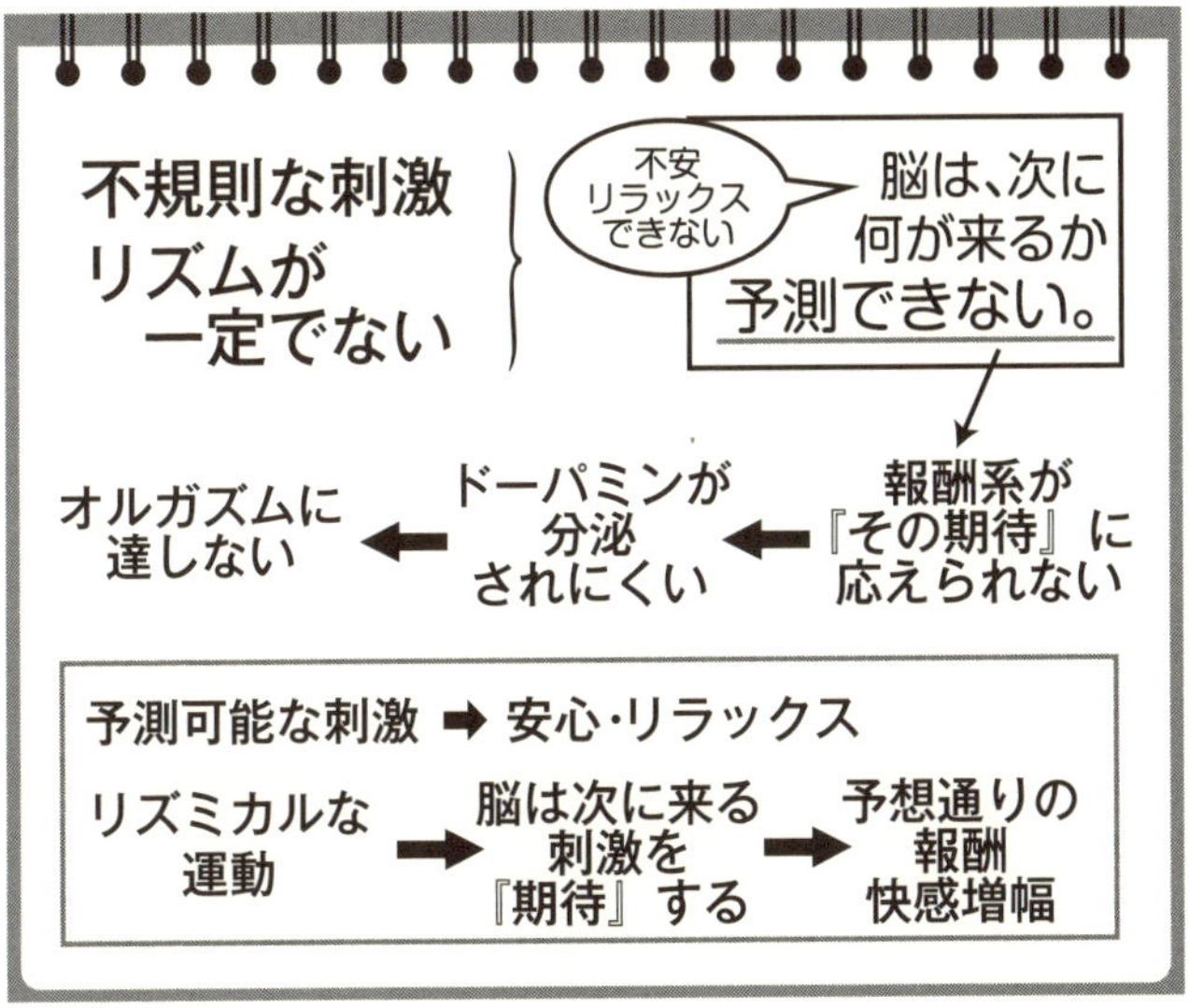

一番分かりやすいですね。

なぜならば、オルガズムは自分自身の感覚だからです。相手が本当にイッているのか、ふりではないのか、と不安に思って確証を得たいならば、自分のオナニーで得られるオルガズムから相手の快楽を想像することです。

時間軸でいうと、オナニーしたいな、あるいはセックスしたいなと思う最初の「欲望期」から次第に興奮してきますが、女性はその後の「興奮期」に続く「平坦期」が長いのです。反対に男性はほぼ直線で上がって、「興奮期」から即「平坦期」となって射精という形で「オルガズム期」を迎えます。そして、その後に興奮が消退していきます。

それでは、オルガズム期に至るまでの間に

どういう変化が起こっているのでしょうか。男性が欲望期でオナニーをしたくなったらいつものオカズ、具体的にはAVやネットポルノなどの各個人のイキやすいネタを使い、プライバシーが守られているリラックスした環境で、いつもの力加減と特定の好ましい圧を伴ったリズムのやり方で自分のペニスを刺激します。これらがないと絶頂には達しません。男性がオルガズムを得るためには、そのような諸条件が必要になってきます。

女性のオルガズムはどうかと考える前に、まず自分ならこうしているというステップを相手にうまく実行できたら相手にもオルガズムを与えることができる。そういうふうに考えましょう。

男性が絶頂に行く前、オルガズムの前にどういうことをしているかというと、リズミカルなペニスへの繰り返し刺激です。ペニスをふっと触ったらそのまま射精という人はほぼいません。しかも人によって自分の好むリズムや強さ、圧力があります。この繰り返されるリズミカルな運動が脳の報酬系を興奮させるわけなのです。これは非常に重要なポイントで、**予測可能な刺激**によって、女性もより快感が得られやすいということなのです。

予測可能なリズムが大切

脳の報酬系は、ドーパミンが出てきて快楽へと突き進む意欲源になります。ペニスをこする刺激が不均一で不規則だと、たとえばそれまでリズミカルに圧を与えてるのに、途中でリズムが変わってしまうとイケません。また、刺激がリズミカルだったのに、途中でやめるとイケません。だから、セックスの時も、リズミカルなピストン運動を律動的に行いましょう。そうすることによって相手の脳には安心とリラックスが生まれます。

脳は次に来る刺激を期待しています。予想通りということに対して報酬系が活性化するのです。その結果、快感が増幅してオルガズムに導かれやすいのです。

脳の報酬系をもう少し詳しく説明すると、腹側被蓋野、側坐核、前頭前皮質、扁桃体、これらが活性化されてドーパミンを放出して多幸感、興奮、気持ちがいい感覚、性的興奮がアップします。予測可能で繰り返してリズミカルが重要なのです。自分のことに置き換えて考えてみると分かりやすいですね。

適度な圧と適度なリズムを持ったクンニリングスも同じことです。

あなたはピストン運動を途中でやめたり急に強くしたりしていませんか。

そういった動きに対しては、相手の脳は不安しか感じず、リラックスできません、変なアレンジを入れるとドーパミンが出ません。自分がオナニーでイク時を思い浮かべ、こういう基本のところをもう一度確認してみてください。

徹底比較！上手い正常位・下手な正常位～Gスポットを狙ってドーパミンを分泌させるピストン運動

女医が教える中高年のためのセックス講座

上手い正常位をするためには、解剖学的な女性の快楽に関しての知識が必要です。

リズムが大切

上手い正常位と下手な正常位についてお話をしましょう。

正常位というのは女性が仰向けで横になっていて男性が座位、座っている感じで対面で、ペニスのピストン運動を行う体位になります。日本人の多くが好んで行う体位なのですが、AV男優さんの動きを見ると、上手い人と下手な人がいることがよく分かります。

上手い正常位にはいくつかポイントがあります。まず第一に横たわった女性にペニスを挿入する時にうまい人は肩が動きません。膝から下も動かずブレません。安定感を持っています。動いているのは骨盤です。腰から仙骨の動きだけでピストンをしています。

骨盤だけが一定のリズムで一定方向にピストン運動する。これが上手い正常位です。なぜならば同じ角度で、滑《なめ》らかに同じリズムで、同じGスポットや自分が狙った部位を的確に

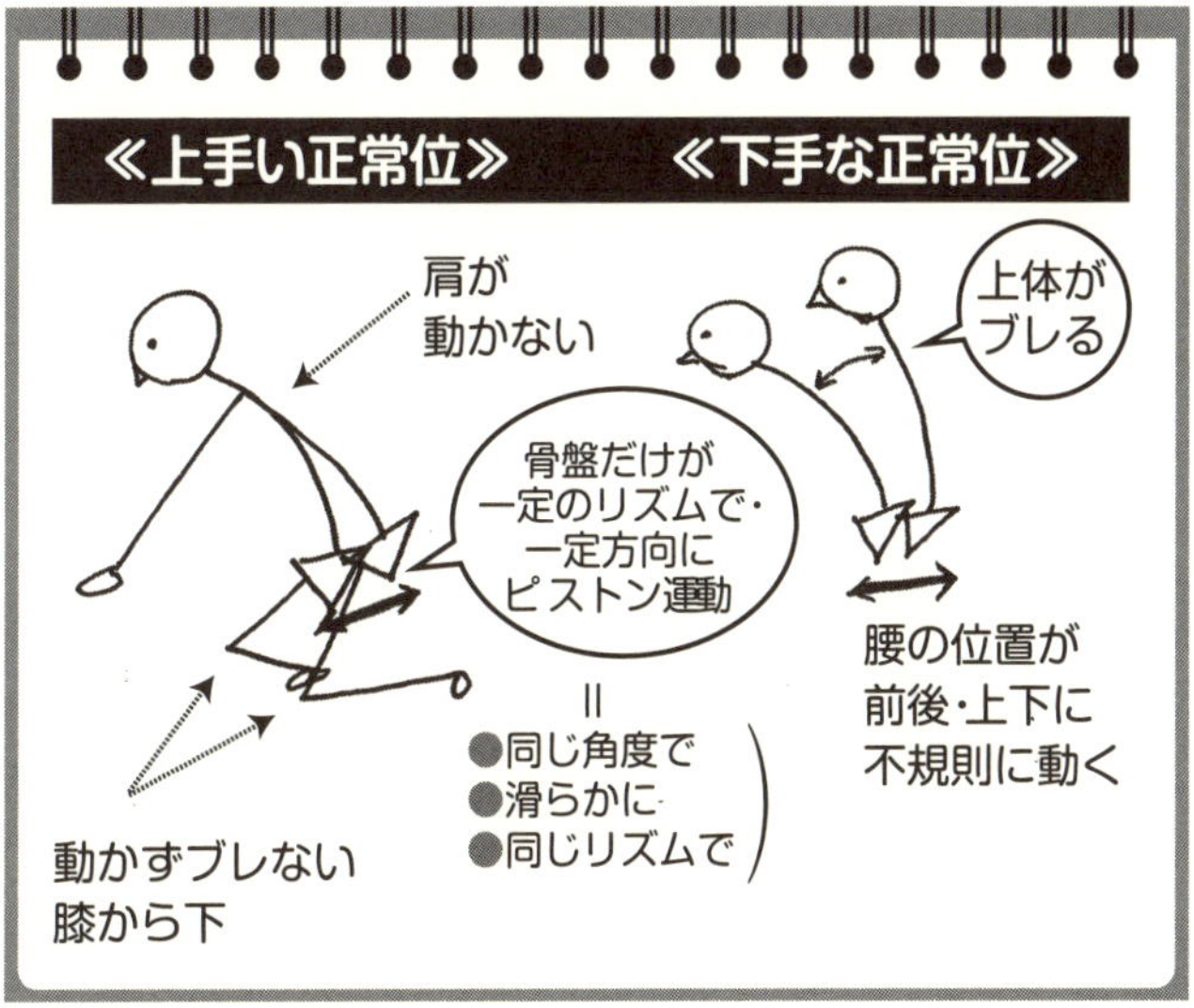

刺激し続けることができるからです。

となると、下手な正常位のことも分かりましたよね。自分自身が動いてしまって力点とペニスの先の作用点が一定しない。Ｇスポットを狙ってピストン運動をしているつもりでも、自分の上体が上下や横にブレブレだと、的確にＧスポットを狙いようがありません。

同じ角度で刺激して相手が不安を感じずにオルガズムに行くのが理想です。ブレブレではリラックスさせることもできません。肩が動かないのがなぜ上手い正常位なのかというと、ブレないからです。上体がブレると、作用点が上に行ったり下に行ったりして、ペニスの先が当たる部位もブレてしまいます。

しかも、下手な人だと自分の気持ちよさに

合わせるので、自分のペースで不規則に動きます。それでは相手はオルガズムを感じません。相手にオルガズムを感じさせたら、相手にとって、その人はセックスが上手い人、記憶に残る人、そしてもう一度したい人ということになります。

予測が報酬を産む

しかし、「単調で持続的な刺激では慣れてしまう（神経の用語でいうと、順応と言います）。慣れて刺激が減るのではないか」という疑問が浮かびます。律動的でリズミカルで同じ刺激を繰り返して、同じピンポイントのところだけに力点、作用点を合わせていくのは、つまらないのではないか、マンネリじゃないか、そういう疑問があるでしょう。

それはまったくの誤解です。単調で持続的な刺激が慣れになってしまって刺激がなくなることはありません。単調な刺激に慣れるのは、性感帯以外の「一次体性感覚野」に対する刺激のことです。

一次体性感覚野では、具体的にいうと、単調な刺激は、はじめは感知されます。たとえば、朝起きて靴下を履いた時、足に靴下がぐぐっとフィットする感覚は分かりますよね。でも履いたら、その靴下の感覚はだんだん鈍くなります。鈍くならないと困るでしょう。ずっと靴下を履いてるあの最初の感覚があったら仕事になりません。

ですから、皮膚にずっと靴下が接触してい

る刺激は、感覚神経野では、重要ではない刺激であると判断するわけです。

一方で、靴下を履いた足で石ころを踏んだり、靴の中に小石とかが入ると、はっきり分かります。これは強弱の変化です。普段慣れた靴下ではない刺激を与えられると強く感じるのは、一次体性感覚野の特徴です。だから、脳は靴の中に入った小石を新しい刺激と判断します。

ポイントは、これが性感帯ではない部分だということです。一次性感覚野は手や足、腹などで、性感帯は唇や乳首、ペニス、クリトリス、膣周辺のことです。体性感覚野が刺激に慣れてしまうという法則は、性器には当てはまりません。性器とその他の部分では、明らかに仕組みが違うのです。

オルガズムというのは脳のほぼ全域が興奮したり活発化する、非常に複雑な神経イベントです。

だからリズミカルで繰り返す刺激でなければ予測不能になって、これらの神経の上手い統合が行われないのです。

挿入のピストンに関しては一律の律動的なリズミカルな動きが好まれる理由はこういうことなのです。

あっ、ソコやめないで！ クンニの極意～
彼女がみずから下着をおろすテクニック

女医が教える
中高年のためのセックス講座

クンニリングスで大切なのは、クリトリスへの愛撫。そのコツを教えます。

クリトリス愛撫のテクニック

直にクリトリスに触れるよりも、まずは下着の上から徐々に刺激してみましょう。気心の知れた長年のパートナーに対しても、もしかしたら、今までとは違うソフトな刺激で新たな快感を与えるかもしれません。しかも、下着の上からすでに前戯を始めることによって、十分、濡れる時間がゲットできるのです。

次にクンニリングスの時に口移しでローションを腟に注入するテクニックを覚えてほしいです。

女性のオルガズムは、男性よりも時間がかかります。気持ちいい前戯に時間を費やすことは非常に重要な問題です。しかも女性性器は非常に摩擦に弱い臓器であり、十分濡れていないとリスクもあります。クンニリングスの時にローションを使って潤わせるだけで、感度も上がるでしょう。私がクンニリングスを推奨している理由は、指の圧力よりも舌の刺激が柔らかいことにあります。舌で膣を攻めながらローションで保湿していき、入り口から奥、中間あたりまでが潤っていれば、女性側は膣委縮による痛みの緩和になり、男性側は挿入困難、中折れ対策にもなります。

　クリトリスの突出している部位は豆みたいな大きさですが、刺激する方向については、次のような研究報告があります。

　女性が好ましいと答えた第1位は「上下に刺激される」で64パーセント、第2位は「円を描くように」で52パーセント、第3位は「左右に触れる」で31パーセント、第4位は「リズミカルに適度な律動的な刺激が欲しい」で21パーセント、第5位は「軽く弾く」で19パーセントとでした。

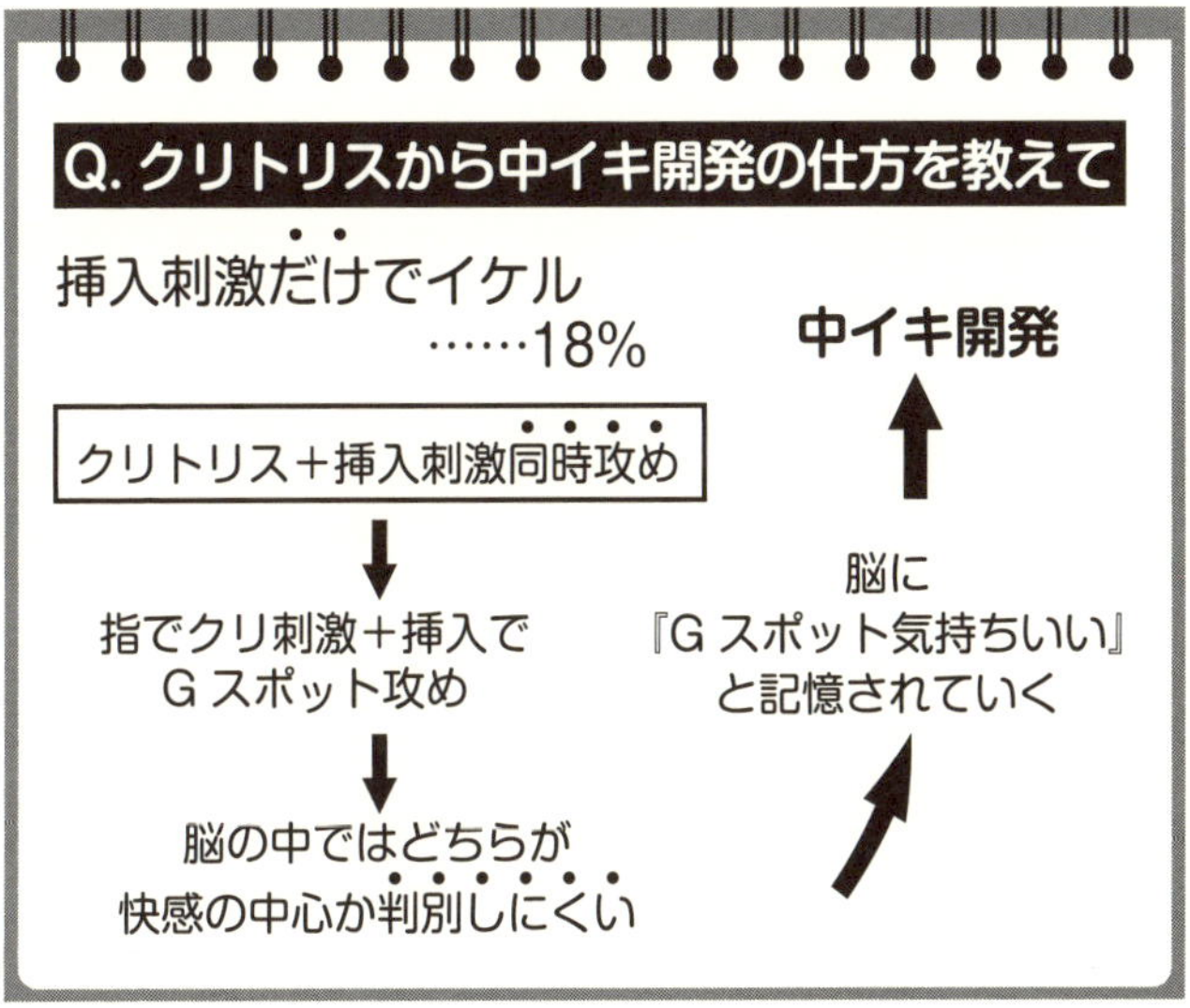
Q.クリトリスから中イキ開発の仕方を教えて
挿入刺激だけでイケル
……18%
クリトリス＋挿入刺激同時攻め
指でクリ刺激＋挿入で
Gスポット攻め
脳の中ではどちらが
快感の中心か判別しにくい
脳に
『Gスポット気持ちいい』
と記憶されていく
中イキ開発

一定のリズムが大事

女性の刺激の好みには個人差があります。しかし平均を知ることは、とても重要です。クリトリスの刺激は、常に優しく。向きは上下が基本です。バリエーションを入れても円を描く程度です。

ではなぜ、上下がいいのでしょうか。それは神経の走行に起因しています。クリトリスはお尻側の仙骨から神経が生えています。そして会陰部を通って一番先にクリトリスがあります。お尻側から前に向かって生えているため、神経の走行に沿ってマッサージをすると落ち着き、安心するわけです。腕で試してみてください。腕の神経は首から生え、脳から首、首から指先に向かっています。首側から指側に向って触ると、なんとなく心地良く感じるはずです。

リズムも極めて重要なポイントです。なぜなら、女性性器に分布する神経は、神経線維の末端「自由神経終末」であり、一定のリズムを好むようにできているからです。先ほどの研究報告によると、「一定のリズムを好む」と答えた女性は82パーセント、「イキそうな時こそ同じ動作でオルガズムを迎える、迎えやすい」と答えた人は65パーセントでした。だから途中でクンニをやめたり、急に刺激を強めたりなどをされると集中できなくなり、オルガズムに達しにくいのです。

一定のリズム刺激で予測可能な動作を繰り

返す、これこそがクリトリスからオルガズムに導く絶対法則です。相手の好む刺激を発見し、同じリズムをリズミカルに律動的に続ける。これが正しいアプローチです。

また、リズムの予測可能性という性的刺激もポイントです。

報酬系とは、脳の多幸感や快楽に直結するドーパミンが出る系統を言います。例えば同じリズムで1、2、3、4と来たら、次は5が来ると予想できます。次も快感が来ると期待し、予想通りに期待が実現した時、快感が増幅します。これが報酬系が働くということです。よって、ピストン運動、もしくはクンニリングスやフェラチオもそうですが、一定のテンポこそがオルガズムへと導くのです。

ここまでは前戯の話でしたが、挿入刺激でイケる（中イキ）ようにするにはどうすればいいのでしょうか。ちなみに、研究結果によると、挿入膣刺激だけでイケる人はわずか18パーセントしかいません。挿入で絶頂に導くヒントはクリトリスにあります。クリトリスの刺激を、挿入刺激と同時攻めすることがポイントです。指でクリトリス刺激をしつつ、挿入でGスポットを攻めるのです。脳の中では、どちらが快感の中心であるのか、混沌としてしまいます。普段はクリトリスでしかいけないという人も、同時攻めされることで、どちらの刺激も気持ちいいと脳に刷り込まれるのです。そうすると、やがては中イキもできるようになってくるのです。

女性が本気で悶える！　挿入からセックス中イキさせるチョットした裏技

女医が教える
中高年のためのセックス講座

クリイキよりも中イキのほうが快楽が大きいと言われているのはなぜか？　中イキは無理な人もいる？

なぜ中イキが気持ちいいのか？

一般的に、クリトリスを刺激することによってオルガズムを感じることを「外イキ」、膣に対するペニスの挿入によってオルガズムを得ることを「中イキ」といいます。オナニーなどで外イキはできても、中イキはできないという女性は少なくありません。一体どのくらいの女性が中イキできるのか、調査報告を見てみましょう。

挿入時にオルガズムを体験できたかというオーストラリアの調査報告です。参加した女性２９１４人によると、毎回挿入によってオルガズムを得られると答えた人はたったの６・１パーセント。１回も中イキをしたことがないという人は14パーセントもいます。しかも中イキできる人でも、毎回イケるわけではありません。６〜８割くらいの確率で中イキできるという人は20パーセントを切っていて、５人に１人はイケないことになります。

10回に1回はイケるという人で、ようやく4人に1人です。よく女性がセックスでイったふりをしているというのは、実際の話、あながち嘘ではないというのが分かります。

イギリスで行われた2035人の調査報告も見てみましょう。オーストラリアと同じく、10パーセントの人、10人に1人が毎回、中イキできると答えました。反対に、挿入で一度も中イキしたことがないと答えた人は13パーセント。この2つの報告から、女性の10人に1人は挿入で1回もイケない、イケてもばらつきがあることが見えてきました。

女性に対する、挿入が気持ちよくて中イキするという「中イキ神話」の概念はもう変えていただきたいと思っています。

そもそも中イキのほうが外イキよりも、満足できるとか、気持ちがいいと考えられているのは、なぜでしょうか。女性性器からの知覚を伝える神経解剖図から説明してみたいと思います。

クリトリスや外性器の皮膚は感覚神経が非常に発達しているので、性的刺激に反応します。膣は外陰部から子宮につながる筒状の臓器です。内部にはＧスポットと呼ばれる部位があります。膣と接合する子宮の部位を子宮頚部といいます。子宮頚部はＰスポット、ポルチオと呼ばれる性感帯です。これらは、実は支配している神経がそれぞれ異なります。クリトリスは、陰部神経の枝が支配します。生殖器の皮膚周りも陰部神経ですが、骨盤神経からも一部来ています。

膣のメインは骨盤神経です。子宮頚部、Pスポットには、脳神経の一部である迷走神経の枝が来ています。これらの神経の中で、陰部神経は、お尻から前に向かって走っている、セックスの時に一番重要な神経になります。肛門の入り口、膣の入り口、そしてクリトリスを支配しています。

そして、ポイントになるのが迷走神経です。迷走神経というのは、脳神経と言って、脳から直接伸びている神経になります。決して子宮にだけ伸びているわけではなくて、胃、腸、肺など、消化管、内臓に主に伸びています。

ということは、挿入によってPスポットを刺激されると、脳にビンビン刺激が届くわけです。脊髄から脳に伝わる陰部神経、骨盤神経、下腹神経などとは別に、脳にダイレクトに刺激が行く、快感を伝えることができるのです。これが、Pスポット、すなわち中イキです。挿入からの刺激によって、マルチプルオルガズムと呼ばれる、混沌としたすごく満足感が高い快感を伝えるのではないかと考えられています。

中イキができなくても……

とはいえ、統計的に見ても中イキができる人のほうが少ないように、神経の分布や配置は生まれ持ったものですから、中イキが未経験でも、やっていたらいつかできるようになるのかというと、できにくい人もいます。

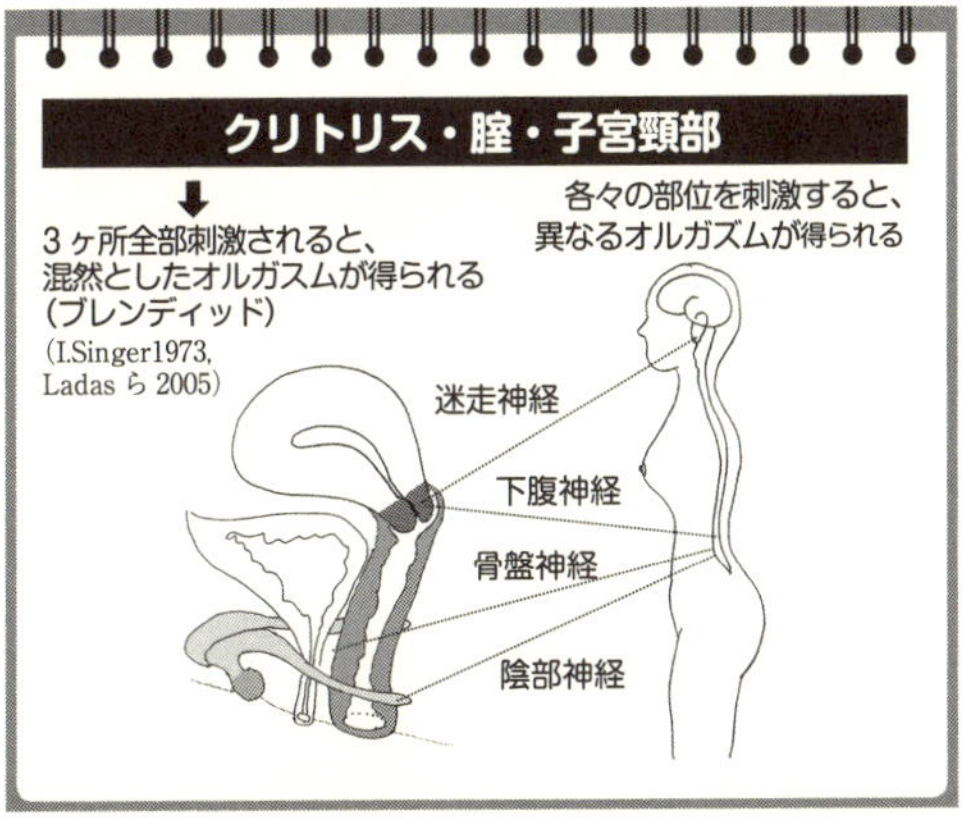

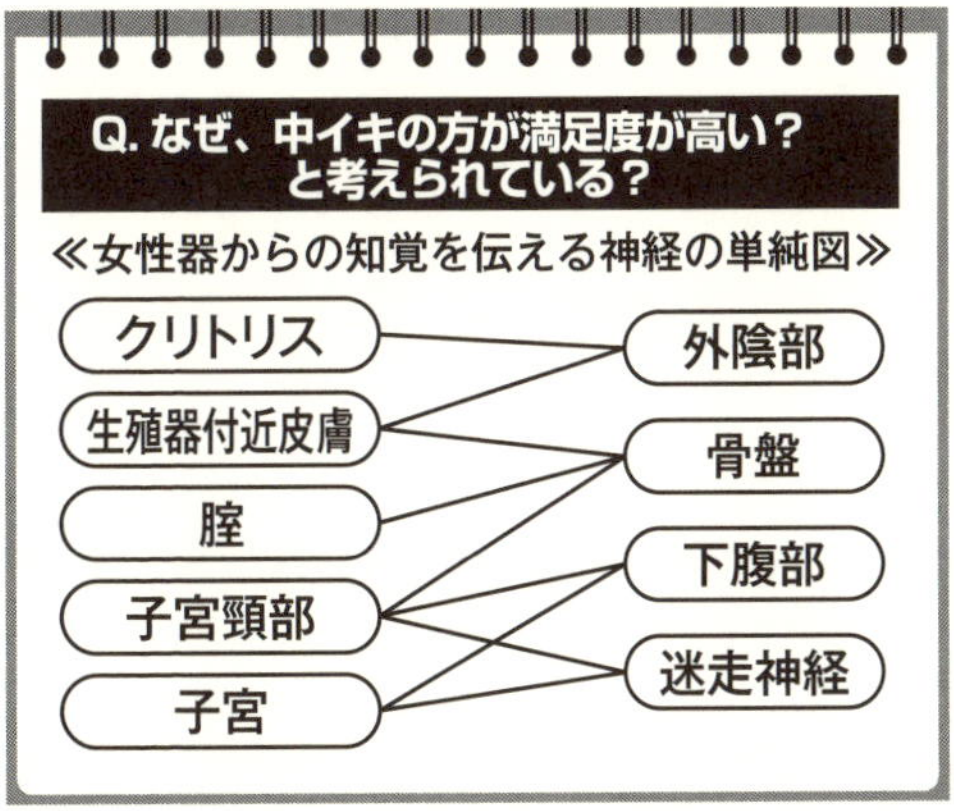

しかし、外イキはできても中イキはできないという人は、神経が発達している他の部分を刺激してみたり、自分なりの快感ポイントを開発すればいいのです。中イキにこだわる必要はありません。

イカなくても満足感はあるというのが女性のセックスです。そこを目指すのは素晴らしいことです。

毎回イカずとも、自分のイける方法をパートナーに伝えて、実りあるセックスをしましょう。

女を溶かす精液の秘密！精液まみれの女性は幸せを感じやすい

女医が教える中高年のためのセックス講座

最新の科学では、精液には、女性のうつ症状を減少させる作用があると認められています。

精液は精子を運ぶだけではない

あなたは、精液を知っていますか？　精液には、精子を長生きさせるために、非常にたくさんの栄養素が入っています。しかし精液は単なる精子を運び込むための液体ではありません。

精液を運び込まれた女性側にも大きな影響を与えている、という報告が相次いでいます。

では、精液とは何なのでしょうか。精液が精子を運ぶだけの働きならば、液体であるだけでいいのです。

しかし実際の精液には、たくさんの成分が含まれています。テストステロン、エストロゲン、ＦＳＨ、ＬＨ、プロスタグランジンなどです。

男性ホルモンのテストステロンが含まれているのは精巣から作られる精液と精子とともにテストスロンも作られるのですから、不思議ではありません。

しかし、他にも女性ホルモンであるエストロゲン、性的な活動に対して大きな影響を与えるＦＳＨやＬＨ、女性の月経周期に影響する物質まで精液には入っています。ということは、今存在する精子のためだけではなく、受け取った側の女性に対する影響が出てくるわけです。

女性の精神を安定させる

ニューヨーク州立大学オールバニー校のＧ・Ｇ・ギャラップ・ジュニアらの報告を見てみましょう。大学の女子学生を対象にして、セックスをしている群、していない群にまずアンケートで分けました。している群が２５６人で、していない群が37人です。

そして、このセックスをしている群を「コンドームをつけない（ピルを服用して精液を体に入れる）」「時々コンドームを使用する」「コンドームは普通に使用する」「常にコンドームを使用する」の４群に分けてＢＤＩ調査をしました。

ＢＤＩとは、Beck Depression Inventory、ベックうつ病尺度と言い、その人がうつ病に近いかどうかのスコアです。

コンドームはいつもつけない、生でしているという人たちは８・０。一方、コンドームは普通に使う、常に使うという群は15・１３と11・３３で、コンドームはつけない派のほうがスコアが低く、うつ傾向が低いという結果になりました。

さらに、セックスをしていない群と、いつもコンドームをつける群では数値に差がありませんでした。

つまり、「セックスをするかどうか」ではなく、「精液が体の中に注入されているかいないか」によって、うつの傾向に差ができたということです。

精液が一度体内に入ったらずっとそのパートナーの女性に影響するのかについて調べるため「一番最近のセックスから何日たっていますか」も同時に調べています。

すると、コンドームをしなくてBDIスコアが低かった群は、セックスから日が経つとスコアが高くなっていきました。

ということは、精液の鮮度が重要なのでは

自殺を試みた割合（%）

常にコンドームを使用しない	4.5
時々、コンドームを使用する	7.4
普通に使用する	29.9
常にコンドームを使用する	13.2

精液には、抗うつ作用あり!?

ないかと考えられるわけです。

一方、「いつもコンドームを使用していて、体の中に精液を注入されていない」群の女性たちはＢＤＩスコアの変化はありませんでした。これを見ても精液が体内に射精されたフレッシュな時期は抗うつ作用があるのではないか、そして、鮮度が低くなると作用も低下すると考えられるわけです。

うつ状態の指標の一つとして自殺企図、自殺を試みるという指標があります。生でしている女子学生のうち自殺を試みたことがある、もしくは考えたという率は４・５パーセントで、時折は使用する群が７・４。そして、普通に使用する、毎回使用する群がそれぞれ29・９パーセントでした。このことから精液には抗うつ効果があると考えられる結果になりました。

このような研究が出ると、「コンドームは捨てるべき」などという論争が起きるわけですが、安全でないセックスをして性感染症のリスクを上げたり、望まぬ妊娠をしたら本末転倒です。抗うつ作用の可能性があったとしても、コンドームを捨てるようなことはしないように、ギャロップ博士も報告しています。

アナルセックスは好きですか？ 肛門プレイをもっと楽しくする3つの快感テクニック♥

～全米女性3017名の肛門性交研究から～

女医が教える中高年のためのセックス講座

肛門プレイをしてみたい！ という男性もいます。女性の側はどう考えているのか？ 研究があります。

肛門は好き嫌いが分かれる

みなさんは肛門プレイに興味がありますか？

2022年、インディアナ大学で「女性は肛門でどのように快感を得ているのか？ 女性目線で解明してみよう」という史上初の研究が行われました。

18歳から93歳のアメリカ合衆国の女性3017人を対象としています。

まずは肛門を刺激するプレイを体験したことがある女性は3人に1人でした。

次に、「女性が肛門に対するどんな行為で気持ちがいいのか」をまとめると、3つのプレイが出てきました。

①「肛門への表面刺激」②「肛門への浅い挿入」③「肛門への複合刺激」です。

①「肛門への表面刺激」は肛門を敏感な性感帯であると考え、表面を舌や指で刺激するプレイです。

この行為で快感を覚えたという女性は40・3%。逆に、肛門への刺激、接触に関しては、指もペニスもセックストイもすべて楽しめなかったと答えた女性が22・3%いました。①「肛門への表面刺激」だけでなく、②「肛門への浅い挿入」③「肛門への複合刺激」も含め、一切快感がなかったと答えた女性は31・6から38・5%でした。

ここがポイントで、①「肛門への表面刺激」に関して、快感があるという女性が4割いますが、すべて楽しめない、何をされてもノー、嫌、という女性も3割以上存在するということです。つまり極めて好みが分かれてしまうプレイの一つだと言えます。

続いて②「肛門への浅い挿入」です。

現在、アナルタッチが楽しい女性
→ 56.1%　最初は快感ナシ

現在、アナル挿入が楽しい女性
→ 67.7%　最初は楽しくない

39.4%は、相手との感情的つながりが、
アナルの快感を発見する重要要素！

このプレイで快感を感じた女性は、34・6％、快感を感じなかったという女性は、23・6％でした。

挿入するものを指とペニスに分けて質問した調査を見てみましょう。

指の挿入では、快感があった女性は28・3％、なかった女性は31・6％です。浅いペニスの挿入では、快感があったと答えた女性が25・7％、なかった女性が34％です。

ペニスのアナル挿入により快感を得られたという女性の中で、深い挿入のほうが好き、という人は41・6％、浅い挿入のほうが好みの女性は38・2％でした。

要するに、ここでも重要なことは、肛門への挿入により快感がある女性も存在しますが、指でもペニスでも挿入は嫌だと感じている女性も3割以上いるということです。
③「肛門への複合刺激」とは、肛門刺激にプラスしてクリトリスへの刺激を行ったり、膣への挿入を行うことを指します。
このプレイで快感があったと答えた女性は42・5％でした。

つまり、肛門だけへのタッチよりも、クリトリスへの刺激や膣挿入を加えた複合技をセックステクニックとして使用するのが、効果があったということです。

愛情でつながるのがポイント

次に注目したいのが「肛門プレイをしたときに、どういう感覚を得たか？」という質問です。

「クリトリスへの刺激や膣挿入では得られない非常に親密で、感情的な感覚を覚えた」という女性が18・2％でした。

また、「肛門への挿入が好き、楽しい」と答えた女性でも、「最初は楽しくなかった」と回答した女性が67・7％でした。

現在肛門挿入が好きな女性のうち半数以上が、「最初は好きでも楽しくもなかった」わけです。

ということは、相手の説得に応じて行った、というスタートで、しかも最初は気乗りがしなかったわけです。

現在、「肛門へのタッチや挿入が好き」と答えている女性たちの39・4％は、「相手との感情的なつながりが、肛門への快感を発見する重要な要素である」と考えています。

性行為は、愛情表現です。生殖行為でない肛門プレイが好きだ、楽しいと考え、挿入まで楽しんでいる女性は、相手と深い愛情で結びついているという意識が強いのです。

ＳＭプレイと激辛料理の秘密
〜ヒトはＳＭプレイを愛し、ストレスを感じたら辛い物を食べる〜

辛み＝痛みは脳内快楽物質を分泌する

ＳＭプレイの秘密を激辛料理から紐解いていきます。

みなさんは辛い料理は好きですか？　私は辛いカレーライスも麻婆豆腐も大好きです。それからもうひとつ。ストレスを感じると辛いものを食べたくなりませんか？

ここにＳＭプレイが人間を魅了する秘密があります。実は辛くて刺激的な味は、人の脳の中では辛みでなく、痛みとして認知されているのです。

私たちの舌には辛みセンサーがあります。これをＴＲＰＶ１（トリップブイワン）と呼びます。このＴＲＰＶ１の発見により、デビット・ジュリアス博士、アーデム・パタポウティアン博士は２０２１年にノーベル生理学・医学賞を受賞しました。辛みの中でも最も有名な成分は、カプサイシン。唐辛子に含まれている辛み成分です。

実はこのカプサイシンは、甘みや酸っぱさとは脳に伝える神経が異なるのです。甘いものなどは、舌の上にある味蕾《みらい》で感じ取り、味蕾に付随している味覚神経を伝わり、脳に届きます。ところがカプサイシンは味覚神経でなく、三叉神経を介して脳に届くのです。三叉神経は、脳から直接生えている脳神経の一つです。ヒトの額、頬と顎のあたりで三股に分かれています。顔をつねると他の部位をつねるよりも、痛いですよね。顔は脳に近く、ヒトにとって重要な部位だから、敏感にできているのです。本来は痛みを伝える役割の三叉神経が、辛み物質カプサイシンを脳に伝達しています。

つまり、辛みは痛みとして脳に伝わっているのです。

私たちが唐辛子を食べます。するとその辛みは三叉神経を介して脳に伝わり、痛みとして認知されます。脳には元々、痛みを感じると、その痛みを抑える作用、下降性抑制が備わっています。脳内では、神経伝達物質、βエンドルフィンが分泌されます。βエンドルフィンは、鎮痛と鎮静を伝える神経伝達物質です。これにより、辛み＝痛みから鎮痛、ひいてはストレス緩和が生まれるのです。

まとめると、私たちはこのβエンドルフィンを求めて、辛み＝痛みを繰り返し食べていると考えられます。

ＳＭの痛みもまたβエンドルフィンが分泌されることにより、快感に変換されているのです。

料理とＳＭの関係

またＳＭの快楽には人間の文化的な要因もあります。

人間は幼い頃から大人たちが辛いものを「美味しい」と食べる様子を見て育っています。そうすると、動物である人間の子供はもともとは辛いものは苦手なのですが、自分たちも少しずつ食べていくことにより、「辛いもの＝痛み」への耐性ができてきます。耐性ができれば辛いものを食べるとβエンドルフィンが分泌されるのですから、それを求めて食べるようになります。

　また人間が辛いものを食べるようになった要因には、料理が関係しているとも考えられています。動物と異なり、人間は多様な食べ物に唐辛子をスパイスとしてプラスアルファし、家族や仲間と食べます。この時に、共同化が起こると考えられています。共同化とは、他者と時と場を共有し、社会を作っていくことです。ヒトは一人では生きられない社会性を持つ動物です。共同化は脳に喜びをもたらし、快楽を生みます。

　ＳＭプレイは、痛みや苦痛を乗り越えることで、相手との信頼度が上がり、共同化を可能にするということが根本です。

　人はスパイスを使い、料理を作ることで社会性や仲間意識を育てます。ＳＭプレイも同じなのです。

　単に相手に痛みを加えただけではプレイになりません。ＳＭプレイは、相手に絶対的信頼があり、共同化ができることで快楽を得ているのではないかと考えられています。

最高の前戯のためには、陰部神経小体についての知識が必要です。

私たちの皮膚には4種類のセンサーが組み込まれています。①パチニ小体 ②ルフィニ小体 ③マイスナー小体 ④メルケル盤です。このセンサーの働きで、撫でられる、引っかかれるなどの感覚が、脊髄を通して脳に伝えられます。

ところがクリトリスや亀頭、唇、乳首、肛門周囲などの無毛の部位にはこのセンサーはほとんどなく、神経そのままの**自由神経終末**しかありません。

この自由神経終末は、極めて細く、優しいソフトな刺激を脊髄から脳に伝えます。

いわば愛撫のための神経で、性的快楽に特化していると言ってもいいでしょう。

クリトリスや亀頭は、自由神経終末の一番先が、皮膚の基底層のところに来ています。

しかも、その先っぽは、ワイヤーのようにクルクルッと巻いた形で分化・発達し、ほんの少しの刺激も逃さないように面積をたくさん取るような形態に発達しています。

これが**陰部神経小体**です。

この陰部神経小体が、最も高密度に存在するのが、クリトリスと亀頭です。

亀頭の中でも亀頭冠と呼ばれるカリの部分、そしてペニスの尿道近くの裏側で、俗に〝裏筋〟と呼ばれている陰茎小帯に、陰部神経小体が密集しています。

つまり、陰部神経小体が密集した陰茎小帯を優しくソフトに攻めると、解剖学的に、最高の前戯ができるのです。

この陰部神経小体の密集分布を知るだけで、あなたの前戯は大きく前進し、前戯王へと近づくのです。

ああ、昇天。前戯王への道～必ずイク、前戯を極める局部攻めテクニック～

第四章　オススメグッズと薬

かつて日本では、「女性が性欲を持つことははしたないことだ」と言われていました。

ところが現在、オナニーが健康によいとする研究結果が多数報告されています。実際に日本人女性の6割は、快眠、ストレス解消、リラックス、性欲解消のためにオナニーをしています。

科学と技術の進歩は人々を幸せにします。

Femtech（フェムテック）とは、Female（女性）とTechnology（テクノロジー）を組み合わせた造語です。具体的には、女性特有の健康課題をテクノロジーで解決する商品やサービスを指します。

技術の進歩により、「アダルトグッズ」とは見えないほど、高性能なウーマナイザーが開発され、販売されています。昔で言えば「女性用の大人のおもちゃ」が一流百貨店で販売され、女性客で賑わっています。

本章では最新のウーマナイザーなど、優れたFemtech商品を紹介します。

科学技術の進歩は男性にも恩恵があります。EDの男性には、ED治療薬がありますが、薬に頼りたくない人やこれらの薬を使用できない方々のために、陰圧式勃起補助具「ビガー（Vigor）2020」があります。「年だから」と諦める必要はありません。富永ペインクリニックでは、勃起不全の96歳の男性にもビガーをご購入頂き、現役でセックスをされています。ビガーは厚生労働省の認可を受けた医療器具です。

医療と科学は、人生を豊かにし、みんなを元気にしています。

「アダルトグッズなんて」などの思い込みは捨て、最新の科学と技術が詰まったウーマナイザーやビガーを試してみましょう。

もっと使ってイキまくる！ あの振動の虜なの♡ 今夜も性生活が爆上がり

女医が教える 中高年のためのセックス講座

日本人は性生活に満足していない。日本は「性不満大国」という悲しい調査結果があります。

日本の女性は2人に1人

マスターベーションと性の満足度はリンクしているという調査があります。

残念なことに、日本人のセックス満足度は世界最下位となっています。まず、マスターベーションについてお話ししましょう。

株式会社TENGAが『TENGA Global Self Pleasure Report』で世界初のマスターベーションに関する大規模グローバル調査をしました。

対象は18カ国。ヨーロッパ、北米、南米、アフリカ、アジアの18歳から74歳の合計1万3039人。世界初の試みです。

日本人のマスターベーションを世界と比べてみましょう。

あなたはマスターベーションをしたことがありますか？　という質問では、日本人男性のイエスは96％。一方で女性のイエスは58％でした。

性的生活満足度は、アダルトグッズ使用者＞非使用者

Good Sex Index：全項目において、
アダルトグッズ使用者の方が、非使用者より、
性生活満足度が高かった！

Good Sex Index（%）	使用者	非使用者
マスターベーション 頻度	71%	39%
マスターベーション 質	60%	34%
オルガスム 頻度	61%	40%
オルガスム 質	58%	37%
自分自身の性能力	49%	33%
性交の質	42%	33%

では世界と比較してみましょう。

男性の1位はブラジル。そして、女性の第1位もブラジルでした。男性の2位はメキシコ、3位が韓国、4位がイギリス、日本は第5位でした。日本人男性は世界的にまあまあマスターベーションをしていることになります。マスターベーションが少ないのはアフリカ勢で、一夫多妻制であることが理由と言われています。

そして女性の2位がイギリス、3位がオーストラリア、4位がドイツ、5位がアメリカ合衆国でした。日本の女性は13位となっています。最下位は中国でした。

そして、マスターベーションと性生活の満足度は大変リンクしていることが様々な研究

でもわかっています。

アダルトグッズを使うと？

性生活の満足度は Good Sex Index という指標で評価しました。TENGA社の調査では、最も性生活に満足している、と答えたのは1位がインドでした。2位がメキシコ、3位がブラジルと続きます。そして、4位にマスターベーションでは低かったケニアが入ってきて、ナイジェリア、UAE、南アフリカとマスターベーション実施率が低い国々が続きます。

それに比べて、満足度の下位3カ国は香港、韓国、日本となりました。この調査では日本は世界最下位というわけです。

日本人は性生活の満足度が世界18カ国中18位。世界における日本は性不満大国であるという結果となりました。

性生活に満足してないからセルフプレジャーに走るという見方もできます。

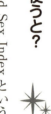

そして、女性に対して「アダルトグッズを使いますか」という質問もありました。日本人のアダルトグッズの使用率は4人に1人。「あなたがオルガズムに達しやすいなと思うのはどのタイミングですか」という質問では、「アダルトグッズを使って自分自身でマスターベーションしている時」というのが最も多い答えでした。

さらに、アダルトグッズを使わない人より、使っている人のほうがオルガズムに達しやすい、という結果です。パートナーとセックスする時よりも、マスターベーションしている時のほうがオルガズムを得やすいことも分かりました。

ただし、パートナーのいるセックスが楽しくないのかというわけでなく、性的な満足度はアダルトグッズ使用者のほうが、非使用者よりも非常に優れていました。性生活のすべてにおいて、アダルトグッズを使用している方のほうが、使ってないという人より満足しています。

どのぐらい差があるかというと、マスターベーションでアダルトグッズを使った人は、71%がオルガズムに達するのに対し、使ってない人は39%と、大きな差があります。そして、マスターベーションの質も、使用している方のGood Sex Indexは60%であったのに対し、非使用者は34%でした。オルガズムの頻度も、使用者61%対非使用者39%。オルガズムの質は58%対37%です。

ただ単にマスターベーションでアダルトグッズを使えば満足するだろうということではなく、自分自身のセックスで満足する能力も使用者のほうが高いという結果が出ています。

本当に気持ちいい女性のオナニー～女医が教える！最新フェムテック 女性のオナニーグッズ

女医が教える 中高年のためのセックス講座

女性のオナニーについて、様々な統計から分析してみました。

日本の女性は2人に1人

女性のマスターベーション、オナニーについて、どのくらいの女性が、どのように快楽を追求しているのか、お話ししていきます。月刊TENGA第20号に掲載された「2019年マスターベーション世界調査報告」のデータを参考にしています。

日本人を知るには世界と比較することが大切です。この調査には日本、アメリカ合衆国、イギリス、スペイン、ドイツ、フランス、中国、韓国、台湾、9カ国各1000名がアンケートに参加しています。

パートナーのセックスに対する満足度は、日本人はたった41パーセントでした。中国は79パーセント、フランスは73パーセント、スペインは78パーセントとなっています。世界的に見ると、性に満足している日本人女性は著しく少ない現実があります。

そして、マスターベーションに対する考えも、世界と日本では違っています。スペインとアメリカは7割以上が「いいことだ」と答えているのに対し、日本は3割以下、「悪いことだ」と考えている人は66パーセントにも達しています。マスターベーションに関して、日本と世界の人々では、非常に大きく意識が違います。

しかし、日本人のマスターベーションの頻度は、「する」と答えた男性は週に4、5回、女性は3、4回しています。する人はしているのです。男性のマスターベーションの時間は平均16分間ですが、18歳から34歳の若い男性は平均19分間、74歳になると11分間と年齢を追うごとに時間が短くなる傾向がありました。一方、女性の平均マスターベーション時間は13分間。女性は年齢による変化はあまりありませんでした。日本人女性でマスターベーションをしているのは58パーセント。2人に1人以上の人がしています。

女性の場合は不眠を解消

では、女性がセルフプレジャーする理由はなんでしょう。男性の場合、「性的快楽を求める」がぶっちぎりの1位です。女性も1位ですが、割合は3人に1人しかいません。

2位はストレス解消、3位は自分の体を心地よくするため、4位は眠りを助けるため。不眠の解消とか、リラックスしてよく眠れるようにするためでした。5位はパートナーとセックスできない時に性的快楽を得るためという結果になっています。女性は性的快楽を求める一方で、健康のためにセルフプレジャーをしている人がたくさんいるのです。

女性がオルガズムに達するために何を使っているのかというと、1位は「何も使わない」で52パーセントでした。女性は脳のイメージ、自分の想像の世界、空想の世界でイケるということです。2位はアダルトビデオで視覚的刺激になります。3位がマンガや官能小説。4位がアダルトグッズでした。5位は過去の体験を思い浮かべる。これも空想や妄想力ですね。

女性のセルフプレジャーは自分の頭の中で、自分が心地よいシチュエーションをイメージするだけでイケるということが分かります。男性は視覚的な効果が重要ですが、女の人は、心の中のイメージが重要なのです。

ジェクス（ジャパン・セックス・サーベイ）が2020年に行った大規模アンケートによるとマスターベーションやセルフプレジャーが「体によくない」と答えた人が66パーセントもいますが、一方で現実には週に3、4回している人もたくさんいます。悪いと思ってするのと、健康にいいと思ってするのでは結果が違ってくると思いませんか。

結論から言うと、マスターベーションは体に悪くありません。男性も女性もどんどんしてほしいです。リラックス効果もあるし、女性の場合は入眠しやすくなる、ストレスを改善する、不安を和らげるなどの効果もあります。健康にとって大きなメリットがあるのです。

フェムテック（道具）を使うのもいいでしょう。想像や視覚だけでなく、道具を使って陰部を刺激すると、マスターベーションがもっと楽しく、刺激的になる方もいます。

クリトリス『もっと吸って！ 吸い尽くして！』アダルトグッズ最前線
フェムテックを極める！ 実際に使ってみた

女医が教える中高年のためのセックス講座

セルフプレジャーライフを豊かにするお薦めウーマナイザーを紹介します。

お薦めのウーマナイザーは？

セルフプレジャーとは自分自身を慈《いつく》しむ行為です。しかし、特に中高年以降においては、性機能維持の訓練の意味も持ちます。女性においてはセックスだけではなかなか補い切れない、濡れる回数や、イク力などの性機能を訓練する作用もあります。また、性生活の満足度が上がれば、免疫力の向上、睡眠の質の向上、心身のリラックスや幸福度の向上など、体にも心にもセックスライフにも、潤いを与えることができるのです。そんなセルフプレジャーにお薦めのウーマナイザーについて、今回は紹介していきます。

私が推奨するのは、世界のトップブランド「Ｌｏｖｅｈｏｎｅｙ　Ｇｒｏｕｐ」のウーマナイザーです。なぜこれを選んだかというと、信頼と安心度が違うからです。世界90カ国220万人以上の顧客を抱え、売り上げ400億円、グループ評価額は1200億円。

12年の歴史があるブランドです。イギリスのビジネス分野で最も栄誉のある英国女王賞企業部門国際貿易賞を2回も受賞しています。

商品を開発したのは、ドイツの発明家のミハエル・レンケ氏です。

イギリスとオーストラリアの調査では、10人に1人の女性が毎回セックスでオルガズムを感じる一方で、10人に1人は一生、オルガズムを感じないまま終わるという報告もあります。女性の多くは、毎回、イクことは難しいのです。それを緩和するために、レンケ氏は奥様と協力してオルガズムの研究に7年間費やし、2013年にこのウーマナイザーが誕生しました。プレジャーエアーテクノロジーという特許を取っており、非接触型でありながら、空気の陽圧と陰圧の変化で組織やクリトリスが吸引されている感覚をもたらします。

ウーマナイザーにはいくつかタイプがあります。小型軽量で蓋付きで、日本人に好評なのが「リバティ」。他に低価格帯の「ウーマナイザーミニ」、高級タイプの「プレミアム2」「DUO2」などがあります。使い方はすべて同じです。クリトリス包皮を軽く指でむいて押し広げ、陰核を少し露出します。そして露出してきたクリトリスに対して、ウーマナイザーの吸い口の部分を押し当てて吸引を開始し、強さや振動を楽しむ。使い方はすごくシンプルです。

より詳しく商品を見ていきましょう。

リバティ２
15540円

蓋ができるため吸い口が分からず、部屋に置いてあっても違和感がない。吸い口がＬＥＤで白く光るため布団の中などの暗がりでも使える。充電式で丸洗いもできる。手の中に収まるほど小型。

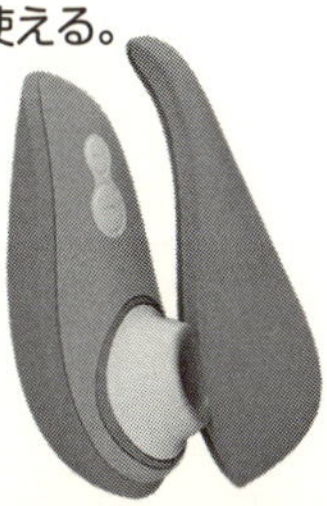

ウーマナイザーミニ
4800円

入手しやすい廉価タイプ。電池式。小型で軽い。ボタンの押し離しだけの簡単操作。

プレミアム２
27900円

少し大きい。素材に医療用シリコンを使っており、ソフトで触り心地もいい。充電式なので水洗いもＯＫ。スマートサイレンス機能搭載。強さは14段階。

ＤＵＯ２
32610円

Ｇスポット刺激とクリトリス吸引を同時に楽しめるタイプ。完全防水でお風呂の中でも楽しめる。スマートサイレンス機能搭載。

様々なウーマナイザー

「ミニ」はディスカウントストアの「ドン・キホーテ」などでも売っているほど入手しやすい廉価タイプです。電池式のためお風呂などに漬けるのは厳禁ですが、女性の手にすっぽり収まるほど小型で軽く、電源を入れたあとはボタンの押し離しだけの簡単操作となっています。

「リバティ」はチューリップの花びらのような形状をしていて、蓋と本体が2枚貝のように組み合わさります。蓋ができるため吸い口が分からず、部屋に置いてあっても違和感がありません。スイッチを入れると吸い口がLEDで白く光るため布団の中などの暗がりでも使えます。充電式のため丸洗いもでき、手の中に収まるほど小型です。

「プレミアム2」は「リバティ」などより大きくなっています。素材に医療用シリコンを使っており、ソフトで触り心地もよく仕上がっています。充電式なので水洗いもOKです。特徴的なのはスマートサイレンス機能が搭載されていることです。「ミニ」「リバティ」と違って、スイッチをオンにしている間でも音が出ず、触れた時だけ振動します。機械の振動音は場合によっては、プレイ中に白けてしまうこともありますが、これならそうはなりません。強さも14段階が選べ、いろいろな吸引の波形が楽しめます。

「DUO2」はGスポット刺激とクリトリス

ウーマナイザーの使い方

①クリトリス包皮を軽くむく。
（陰唇を指で広げる）

②吸い口の部分を隙間なく押し当てる。

③吸引を開始して、強さ・振動を楽しむ。

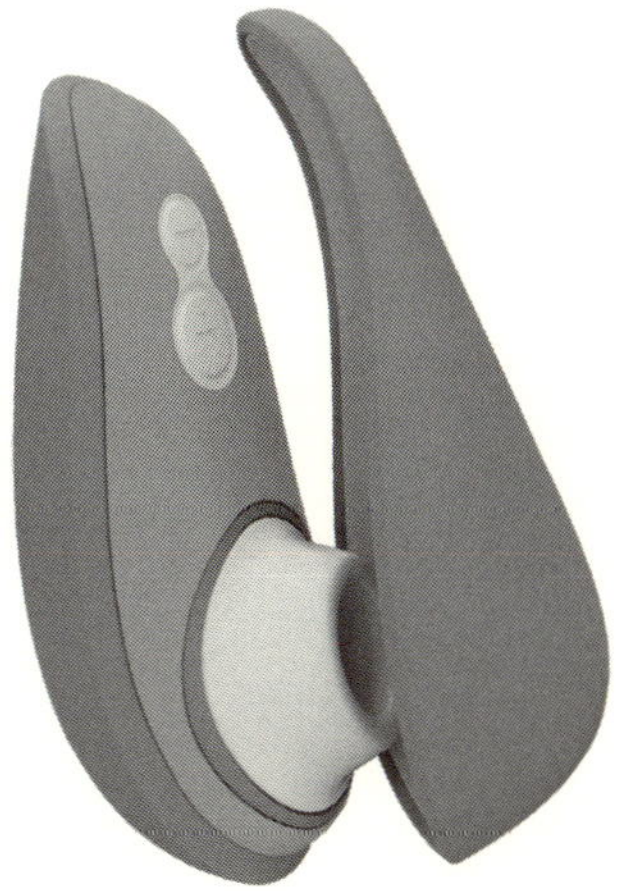

吸引を同時に楽しめるタイプです。完全防水でお風呂の中でも楽しめ、スマートサイレンス機能も搭載されています。

ウーマナイザーをはじめとした「フェムテック」を使ってセクシュアルなコミュニケーション力を上げ、よりよいセックスライフを手に入れてください。

【最高勃起～血管トレーニングで若返るペニス】ビガーで、もう一度フル勃起して中折れにさようなら！

女医が教えるお勧めセクシーグッズ

なぜ糖尿病になると、勃たなくなるのか？
勃起の仕組みに関して詳しく解説します。

勃起力と血管年齢

皆さん、ペニスの血管はどこから来ていると思いますか？　当たり前のことですが、心臓です。

ポンプのように、心臓から押し出た血液は、背骨の前を通る一番太い動脈を下に向かって流れます。腰まで行ったら、お尻から骨盤底に向かい、そこから体前面に流れて、ようやくペニスに到達します。思っているよりも複雑で、遠い道のりです。

つまり、ペニスの動脈は、心臓から一番離れたところにあるのです。圧力をかけなければ、勃起するだけの血液を十分に運び込めないというのがお分かりでしょうか。それに加えて、ペニスの動脈は直径1ミリ。ただでさえすごく細いという問題があります。

高血圧や糖尿病などは動脈硬化、つまり血管の老化を引き起こします。これは血管の中にゴミやカスが溜まって、血管の内径がどん

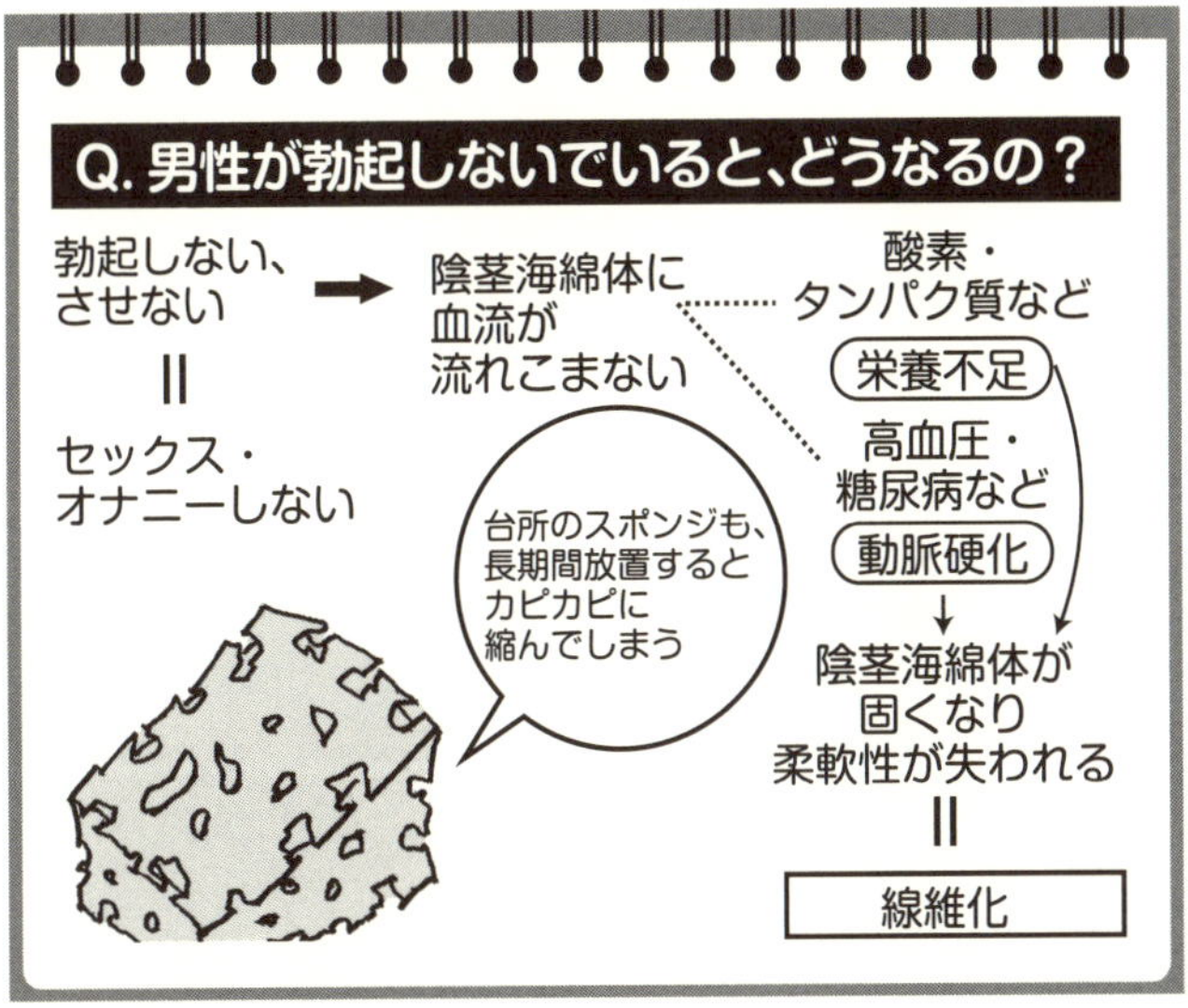

どん狭くなってくる状態です。もしそれが心臓に起こると、狭心症や心筋梗塞となります。

心臓の冠状動脈の直径は4～5ミリ。当たり前ですが、太い血管よりも細い血管のほうが詰まりやすく、影響を受けやすくなります。よって狭心症や心筋梗塞よりも勃起不全のほうが、動脈硬化の早い段階で症状として出現しやすいのです。

ですから、血管を若々しく保っておくことが、勃起力維持につながります。反対に、動脈硬化が進んでしまうと、勃起がなかなかうまくいかなくなります。ちなみにPDE5阻害薬であるバイアグラやシアリス、レビトラなどの薬は血管拡張薬です。

勃起のメカニズム

ではどうやってペニスが太く、硬く、勃つようになるのか。今度は勃起のメカニズムについてお話しします。

ペニスを走る「陰茎背動脈」の左右には「陰茎背静脈」という太い静脈が通っています。その下には「陰茎海綿体」があります。陰茎海綿体は「白膜」という硬い膜で覆われています。その中心には「陰茎深動脈」という動脈があります。

性的な刺激を受けたり興奮を感じたりすると、ペニスの中に陰茎背動脈や陰茎深動脈を伝って血液が充満していきます。陰茎海綿体の中の毛細血管にどんどん血液が送り込まれ、拡張していきます。それにより、陰茎海綿体が膨張して陰茎が大きくなり、海綿体を取り囲む白膜が圧迫されます。すると、海綿体周囲の静脈が、固い白膜の圧によってぺちゃんこになり、静脈が閉鎖されます。

静脈が閉じることによって陰茎から血流が流出しなくなり、勃起状態が維持されます。これがペニスが太く、硬くなる勃起のメカニズムです。

動脈と静脈と海綿体。これら3つの組織が、勃起にとって大変重要だとお分かりいただけたと思います。

女性の場合、セックスしないと濡れなくなって、どんどん膣が萎縮していきますが、男性の場合はどうでしょうか。

そもそも血管は、酸素やたんぱく質、ミネラルなどを送る重要な管です。もし勃起せず、陰茎海綿体に血流が流れ込まない状態が続くとペニスは栄養不足になります。

さらに高血圧や糖尿病などの動脈硬化で血管が細くなれば、ますます栄養不足は加速します。すると陰茎海綿体が使わない臓器として脳に認知されてしまい、柔軟性はどんどん失われていきます。

使わないと次第に細くなって衰える筋肉のように、海綿体自身も固く細くなり、線維化が起こります。いったん線維化を起こしてしまうと、再び柔軟性を戻すことは非常に困難です。

分かりやすくいえば、台所のスポンジです。台所のスポンジを長時間使わないで放置していると、干からびて固くなって吸水性が下がり、いくら水をかけても戻りません。

海綿体もそれ同じで、定期的にしっかりと、血液を送り込んで柔軟性を保っておかないといけません。でないといざという時、血管が広がらず、思い通りに勃起できないという状態に陥ってしまうのです。

女医が教える
お勧めセクシーグッズ

女医の親指が勃起した！陰圧式勃起補助具「Vigor・ビガー」
ED治療薬が飲めない、高血圧、糖尿病でも勃起が叶う！

EDに悩む患者さんに効果を上げているのがビガーです。ビガーについて説明します。

ビガーとは何か？

「ビガー（Vigor）2020」には、当初はEDの治療薬を飲んでも効かない人向けに勃起補助具として開発された経緯があります。

しかし今は、海綿体の若さを保ったり、ペニスの若返り効果が期待できる器械として注目されています。

当医院で25名の方に1日10分間のビガートレーニングの治験をやっていただきました。すると84％の方が、開始から2カ月でペニスの勃起力が上がった、コールドペニスが改善され、温かく感じる、亀頭が大きくなった、勃起時の硬さが違うなど、症状が改善しました。

なぜそのような効果があるのかというと、ビガーは陰圧をかけて、海綿体に血液と栄養を送り込むからです。

ペニスの血管はもちろん心臓から来ていま

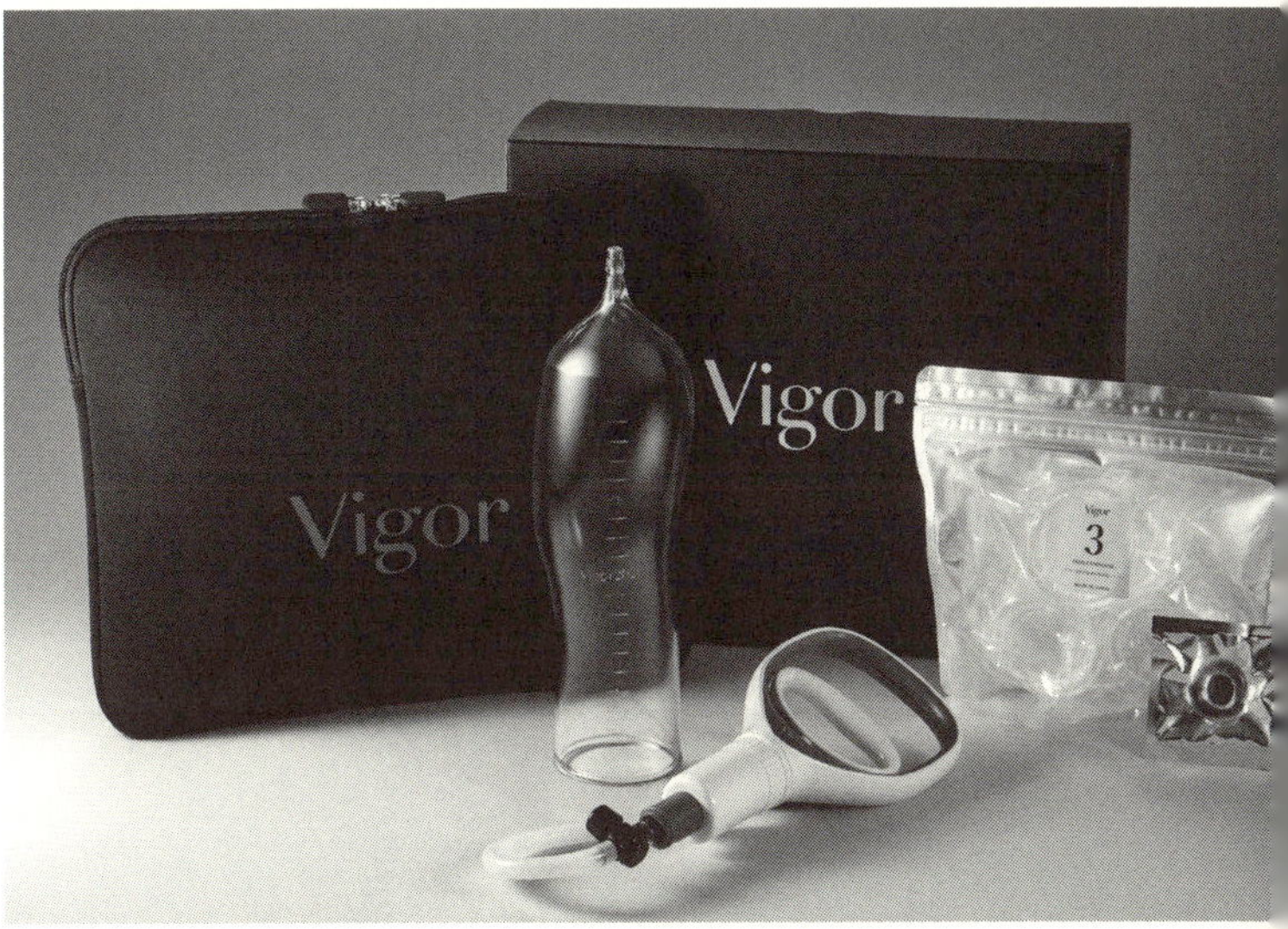

すが、そこに至るまでの距離は大変遠い道のりです。心臓から出発して背骨の前の動脈を通り、腰を通り、お尻の下を通って、ようやくペニスの血管にたどり着きます。道中が長いことから、血管のトラブルの影響を受けやすいのはイメージできると思います。動脈硬化、糖尿や高血圧などに弱いのです。だからこそ、ペニスに陰圧をかけて、血流を保っておくのは効果的というわけです。

ビガーをもっと詳しく

では実際、陰圧性勃起補助具のビガーとはどのようなものなのか。

ファスナー付きの専用のソフトケースに収納している時のサイズは、およそ小さめの

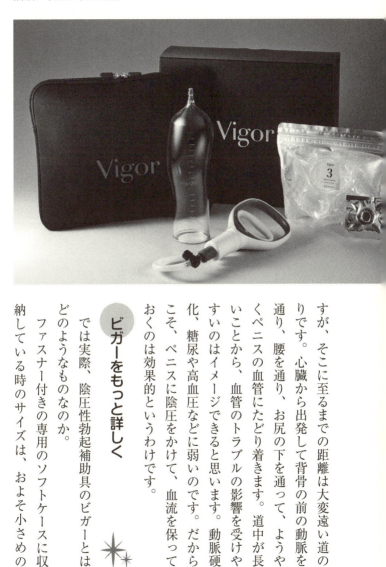

ノートパソコン程度の大きさです。中には3つのパッキンが入った袋、プラスチック製のシリンダー、陰圧式の陰圧をかける時のポンプとチューブ、ペニスの根本に付けるリングなどが入っています。

シリンダー、ポンプ、チューブを組み立て、シリンダーの先には3つのパッキンを付けます。ペニスにフラックス(ビガー用のローション)を塗り、準備ができたらシリンダーにペニスを挿入して、ポンプで陰圧をかけていきましょう。ペニスが怒張してきて、最初より少し赤みを帯び、どんどん怒張してきます。もし圧をかけ過ぎて痛みを感じたら、黒のボタンを押せばすぐに減圧し、圧力を戻すことができます。痛みを我慢する必要はありませんので、うまく調節してください。これを1回10分、毎日もしくは週に3回以上トレーニングします。

海綿体に血液を送り込み、栄養を満ち渡らせて、ペニスの劣化を防ぐ機能訓練。これがビガートレーニングです。

もちろん使用するのに年齢制限はありません。糖尿病や高血圧の方も安心してご使用いただけます。そもそも高血圧や糖尿病、ニトロを飲んでいる人や、ＥＤ治療薬の反応が不十分な人、薬に頼りたくない方々のために作られていますので、いくつになっても使える補正器具です。

現在は、ＥＤ治療薬や機能を改善するビガートレーニングまで、ペニスもアンチエイ

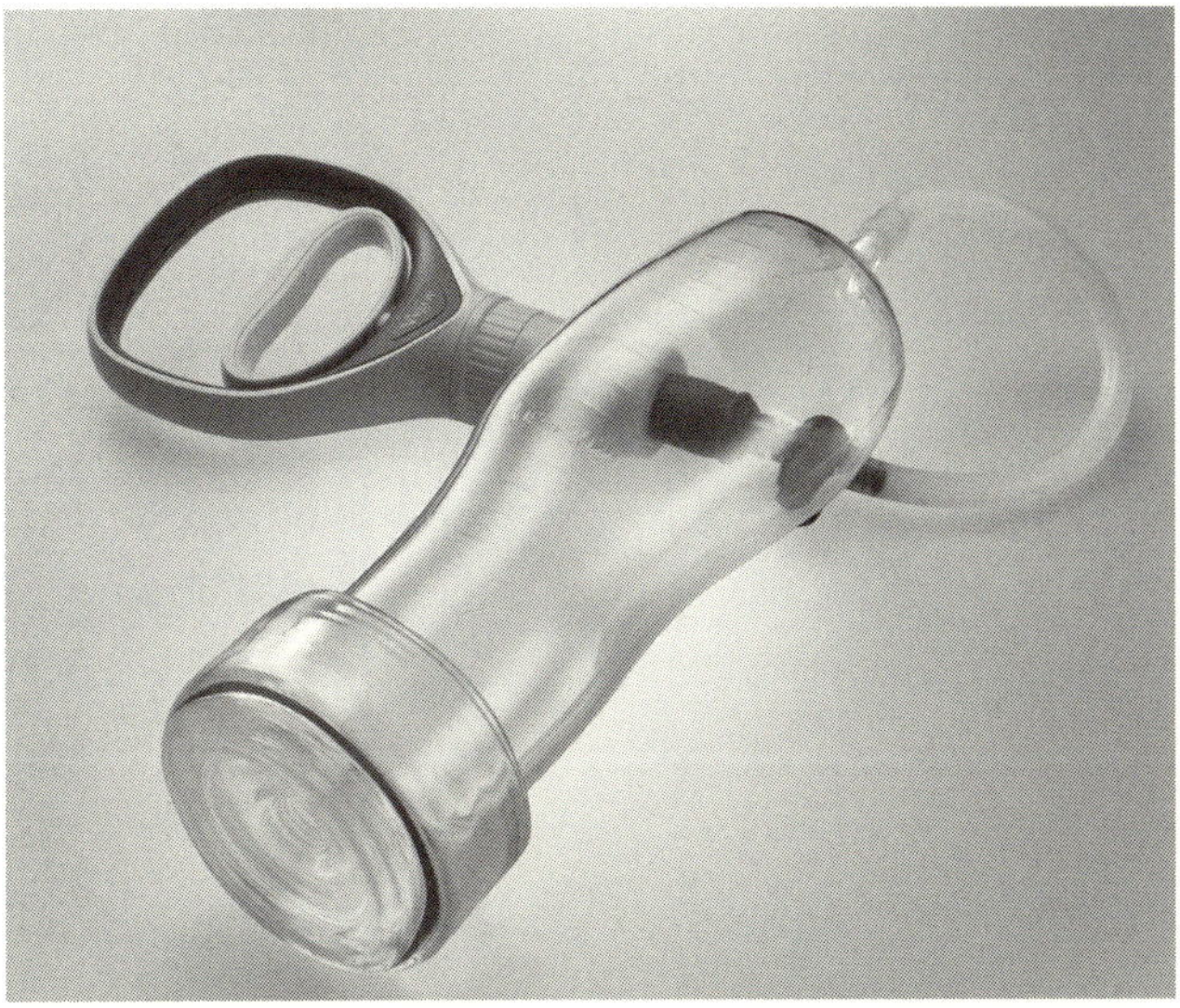

ジングする時代です。ビガーは管理医療機器になりますので、一般のネット通販では手に入りません。富永ペインクリニックのオンライン診療で、ＥＤ外来を受診してください。来院なしで、医師の管理のもと、全国対応で処方できます。

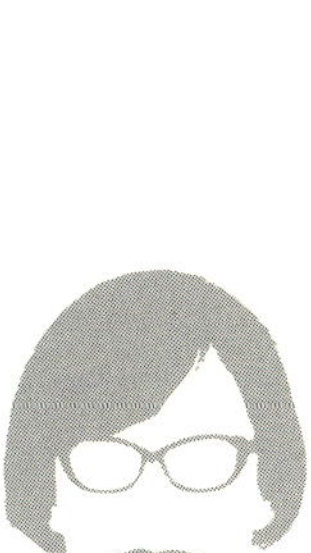

バイアグラ
レビトラ
シアリス

ED治療薬の強さ、速さ、副作用、効果の徹底比較
自分にあったED薬の選び方

ＥＤの薬にはバイアグラ、レビトラ、シアリスがある。
その３つの薬の違いはどこにあるのでしょうか？

女医が教える
中高年のためのセックス講座

ライフスタイルの見直しから

ＥＤに対しては、バイアグラか、レビトラ、シアリス、この3種類の薬があることは一般的に広く知られています。しかし「それぞれの薬はどこがどう違うの？」、「持病に高血圧とか糖尿があるが大丈夫なのか？」、「お値段は？」……気になるところがたくさんあります。自分のライフスタイルに合ったＥＤ薬を選ぶには何を基準にしたらいいのか、分かりやすく説明します。

自分にとって最適な薬を選ぶには、まずは勃起不全になっている原因を知る必要があります。肥満や運動不足があるとＥＤになりやすいです。薬を飲む前に、また飲みながらも運動して、特に勃起に影響を与える骨盤底筋を鍛えていきましょう。高血圧や糖尿病などの持病を持っている人は減塩して、動脈硬化を進ませないことが大切になってきます。そして、禁煙です。タバコはＥＤの要因です。

Q. 何時間、効果が持続するの？

	バイアグラ	レビトラ	シアリス
Cmax (mg/L)	192	18.35	292
Tmax (h)	0.9	0.75	3
T1/2 (h)	3.35	3.98	13.6
持続時間 (h)	4〜5	5〜10	36

睡眠不足を改善するのも重要です。また睡眠時無呼吸症候群も、ＥＤの要因だと考えられています。規則正しい生活、十分な睡眠、ストレスの解消、これらがＥＤ治療のベースになってきます。

脂質を抑えた食事も、動脈硬化の抑制という意味で重要です。勃起はペニスの先の陰茎背動脈から十分な血液が送り込まれて、血管が広がる。それが第一条件です。しかし、ペニスの先の血管は細いのです。血管の内腔を狭める動脈硬化を進めるライフスタイルでは、たとえ薬を飲んでも、なかなか反応しにくいペニスになってしまいます。

次に薬です。勃起力を取り戻したい場合は、ＰＤＥ５阻害薬の処方につながります。日本で認められている薬は、バイアグラ、レビトラ、シアリスの3種類です。この3種類の中で自分に合うのは、どの薬でしょうか。結論からいえば、自分の望むセックスライフを基準に選ぶことが大切です。

長時間効くのはシアリス

服薬してどれくらいで効き始めるのかというと、バイアグラは30～60分、レビトラは15～30分、シアリスは30分程度です。

「Ｔｍａｘ」は最高血中濃度までの到達時間を表す数字で、そして「Ｔｈａｌｆ」は薬が体内で代謝されて、最高濃度から濃度が半分になるまでの時間を表しています。

Ｔｍａｘ（血中濃度の到達時間）が短いとは、薬の効きが早いということです。バイアグラが0・9で55分程度かかります。レビトラは0・75で45分程度、シアリスは3時間かかります。シアリスは緩やかに効き始めて、持続するというイメージです。Ｔｈａｌｆ、つまり薬の濃度が半分になるまでの時間はどのくらいかというと、バイアグラは3・35時間で、レビトラが3・98時間で、シアリスは、これが最大の特徴で、驚異の13・6時間です。要するに一度飲むと13時間経ってもなお半分効果が残っていることになります。だからシアリスは長時間効くわけです。

単発でここ一発に賭けよう、速く強く効いてほしいという人にはレビトラがお薦めです。長時間作用するシアリスは効きがマイルドで、長く効きます。たとえば、相手とのセックスのタイミングが測りにくいようなときには長く効くシアリスがいいでしょう。

また、パートナーとゆったり週末を過ごす状況も、シアリスがいいのではないでしょうか。ちなみに海外、欧米などでは、シアリスの家庭内における使用が非常に優位を占めています。

価格は安いほうからバイアグラ、レビトラ、シアリスの順番です。即効性のレビトラ、持続性のシアリス、低コストで歴史が長いバイアグラ、という知識を持ってベストな薬を選んでください。

これらの薬には併用禁忌《きんき》があります、狭心症等の合併症があり、ニトロ製剤を飲んでいる方は、処方ができません。

副作用として、3剤すべてに頭痛、顔面紅潮、消化不良、鼻詰まりなどが報告されています。頭痛が気になる人はレビトラ、顔面紅潮が気になる人はシアリスが比較的副作用が少ないためお薦めです。

インターネットで販売されている安価なED治療薬は、偽造品の可能性が高く、健康被害のリスクがあります。絶対に手を出さないでください。

朝まで寝かせないぞ!
長時間まったりセックス飲料
～高たんぱく質と少量の糖質を一緒に摂れる市販飲料はコレ！

まずは睡眠が大切だから……

彼女と旅行する。その時に、2回戦、3回戦を可能にする飲み物で、なおかつ簡単にコンビニで購入できるものは何でしょうか?

3つに分け、医学的論拠に基づきながら実践的に話をしていきます。

その3つとは、①**「デート必勝飲料」**②**「モテ飲料」**③**「勃起飲料」**です。

①**「デート必勝飲料」**は?

セックスの日に準備を始めても遅いのです。デートの日に勝負をかけたいのであれば、遅くとも前日には「デート必勝飲料」で準備しておきましょう。

デートの際に、体力や気力を充実させたいのであれば、大切なのは〝睡眠〟です。

睡眠に有効なのは、アミノ酸です。具体的に言うと、グリシン、GABA、セロトニン、トリプトファン、テアニンです。トリプトファンは睡眠に影響を与えると言われているセロトニンの材料です。これらの入っている飲料がお薦めです。

それでは、当日の朝には、何がお薦めなのでしょうか？まだ彼女に会ってはいないけれども、気合いがほしい。できるだけ早くスイッチを入れたい。それには②**「モテ飲料」**が必要です。

それはレモンの香りのする炭酸飲料水です。いわゆるレモンスカッシュです。しかも少しだけ糖を入れたもの。

朝に糖を摂ると、頭がスッキリして、フル全開しやすいのです。またビタミンCは、気分を高揚させます。炭酸水は胃を拡張させ、胃壁の伸展を起こさせます。それを迷走神経がキャッチし、脳にダイレクトな刺激が届きます。

そうすると、満腹になったような気がして、リラックスします。そのリラックスが彼女とのコミュニケーションに俯瞰の視点を入れ、2人の距離を客観的に見ることができるようになります。その結果、コミュニケーションに失敗しにくくなるのです。

長時間のセックスには調整豆乳

もう一つの②**「モテ飲料」**、デート中の水分補給にはお茶でもコーヒーでもなく、ミネラルウォーターにしてほしい。彼女とうまく話すために、声帯に対して保護作用のある飲み物が望ましいわけです。スムーズな会話のためには、ミネラルウォーターが一番です。

いよいよセックスです。③**「勃起飲料」**が必要です。持久力が必要な2回戦、3回戦を行うためには調整豆乳です。

疲労回復にはたんぱく質が必須です。無調整の豆乳には8％以上、調整豆乳だと6％以上の大豆の固形成分が入っています。ただ、無調整豆乳には糖分が入っていません。たんぱく質は消化吸収から成分として体内に入っていくのに、2時間はかかります。なので、今がんばり始めたいという時には炭水化物。そして即効性の体力回復には糖質です。だから、少しだけ糖が入っている調整豆乳がいいのです。たんぱく質で体力を補充しながら挑んでください。

飲み物については『なぜ、一流は飲み物にこだわるのか？』（田中越郎著／クロスメディア・パブリッシング）に詳しく書かれています。ぜひご参考になさってください。

ラブコアは経産婦の方、尿漏れに悩む方にもお薦め！

子育てもお仕事も、家事もある。現代の女性は大変に忙しいからこそ、簡単に骨盤底筋を鍛えるフェムテック器具を上手に使いましょう。

パットを貼って、スイッチを入れるだけの「ラブコア」をご紹介します。女性の場合は大陰唇の左右に縦に貼ってください。骨盤底筋を鍛えるCモードを選択すると、ピリピリしてきて、筋肉が収縮していきます。1回約10分でOKです。

このように、ラブコアは手間をかけず、パットを貼るだけで、体の深部まで電流が届き、骨盤底筋を収縮させ、鍛えることができるのです。

経産婦の方、尿漏れに悩む方、セックスの感度が落ちてきた方にお薦めします。

骨盤底筋を鍛えるために ラブコアを使おう

ラブコア　使い方

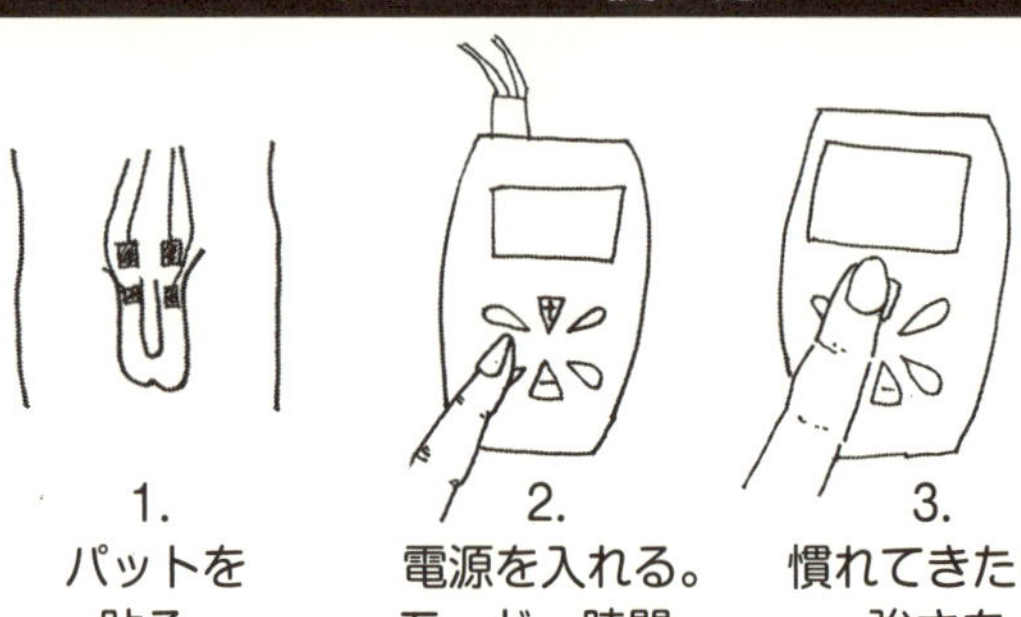

1.
パットを
貼る。

2.
電源を入れる。
モード、時間・
強さを選ぶ。

3.
慣れてきたら、
強さを
上げていく。

『骨盤底筋モード』を選んでください。

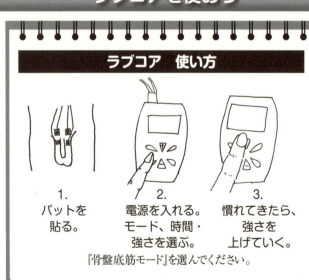

第五章　女性性器について知ろう

男性も女性も女性性器についての正確で詳細な知識を得ることは必要です。

それは女性を気持ちよくさせる効果的な愛撫のための第一歩だからです。


女性は更年期を過ぎて女性ホルモンが分泌されなくなると、女性性器自体が急激に弱ってきます。

女性ホルモンは腟内の善玉菌を増やす働きもしています。女性ホルモンが減少すると、善玉菌の減少、悪玉菌の増加から、腟から洗っても落ちないニオイも出るようになります。

セックスはコミュニケーションです。

女性を守る女性ホルモンが減った女性とセックスをする時は、女性に起きている変化を知り、相手を大切に尊重する必要があります。

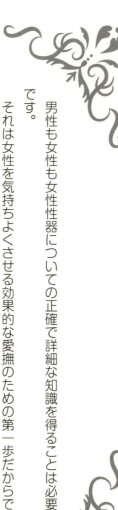

女性側は、性機能が弱った男性を思いやりながらしていきましょう。お互いがお互いのことを思いやるのがコミュニケーションの基本です。

お互いのことをよく知れば知るほど、コミュニケーションは深くなり、親密になります。

また、女性も自分の性器について知る必要があります。「第二章　オナニーをしよう」でも述べましたが、男性が自分の性機能の訓練としてオナニーをすることが大切なように、女性も自分の女性性器を衰えさせないために、マッサージなどのお手入れをするのが大事なのです。

そのほか、本章では、Gスポットや数の子天井、クリトリス、セカンドバージンについても解説しています。

イキまくる膣～子宮脱、尿もれ、乾燥、性交痛に悩む前に、女性性器を守るために今すぐやるべきこと

女医が教える中高年のためのセックス講座

更年期を迎えたらデリケートゾーンのケアが必要です。そのやり方について説明します。

更年期を迎えたら骨盤底筋

女性ホルモンのエストロゲンは重要なホルモンです。妊娠や出産など、デリケートゾーンだけではなく、脳、骨、筋肉、血管や臓器に非常に大きな影響を与えます。しかも更年期になると女性ホルモンは一気に減ってしまうため、女性の体や心に不都合なことがたくさん出てきます。

中でも骨盤底筋は、内臓器官が垂れ落ちないように支える骨盤周囲にある筋肉群であり、重力から私たちの体を守る重要な役割をしています。しかし、加齢や出産により筋肉が衰えるのはもちろん、『「閉経」のホントがわかる本 更年期の体と心がラクになる！』（対馬ルリ子、吉川千明著・集英社）によれば、便秘、花粉症やぜんそくなどの咳やくしゃみ、長時間の低姿勢での草むしり、重いものを持ち歩く、きついガードルをはく、長時間の車の運転といった生活習慣でも腹部などに圧力

がかかり、骨盤底筋を傷《いた》めると述べられています。

　骨盤底筋が衰えると尿漏れ、頻尿、便秘といった排便、排尿の症状が出てきます。足もむくみやすくなります。子宮や膣の形や位置が変わり、性交痛を起こしやすくなります。内臓臓器が逸脱し、子宮脱、膀胱脱などの症状につながります。また、骨盤の角度が変わると腰痛、股関節痛も悪化し、姿勢も悪くなります。ぽっこりおなかの要因となり、ヒップが垂れ下がり、太ももが太くなります。

　更年期以降、体重が変わったわけではないのに、おばさん体型と呼ばれる体型に変化する理由は、腹筋でも背筋でもなく、その根底に骨盤底筋の緩みがあるのです。

　骨盤臓器脱などの重症な症状が出る前に、ぜひセルフケアやマッサージを実践しましょう。

デリケートゾーンのマッサージ

　まずは尿道、膣、肛門を正しく意識して引き上げる、28ページでも紹介しました、有名なケーゲル体操が有効です。ベッドの上でも椅子に座っていても電車内でもテレビを見ながらでも効果を得ることができるやり方もあります。およそ10秒間息をフーッと吐きながら、子宮を体の奥から体の上に向かって、へそに向かって、キューッと押し上げる。これを意識して行います。

　デリケートゾーンもマッサージしていきま

す。このマッサージはお風呂上がりに清潔な手で行うのがよいでしょう。まずは下腹部、鼠径部からおへそに向かって下から上へとさするようにマッサージします。次に、内ももから鼠径部に向かって、太腿の付け根をグルッと円形にしっかりとマッサージ。これで鼠径部のリンパ節をケアします。最後に、膝の内側、膝の上ぐらいから陰部にかけて、太ももの内側をグーッと下から上に押し上げるような感じでマッサージし、体表の血流をよくしましょう。

ここまでが1ステップです。

この時エストロゲンの有用成分、エストラジオールが配合されている「Dr．ESTRAゴールド美容液」を使用すると、さらに効果的です。

次に外陰部のケアです。大陰唇を下から上に、小陰唇も、軽く指で挟んで下から上に。肛門と膣の間の会陰部を左右にしっかりとマッサージします。また膣の内壁にも、第1関節まで指を挿れ、押し当てます。血管や神経は後ろから前に向かって走っているので、この向きと順番で行ってください。大陰唇や小陰唇に塗り込むのはもちろん、膣の内壁に関しては、内壁の粘膜を鍛えるイメージで「Dr．ESTRA エストラジェル」を付けた指を押し当てましょう。こうすることで今まで乾燥していた、デリケートゾーンの若返りを図ります。

デリケートゾーンのケアをする、マッサー

デリケートゾーンマッサージ実践編

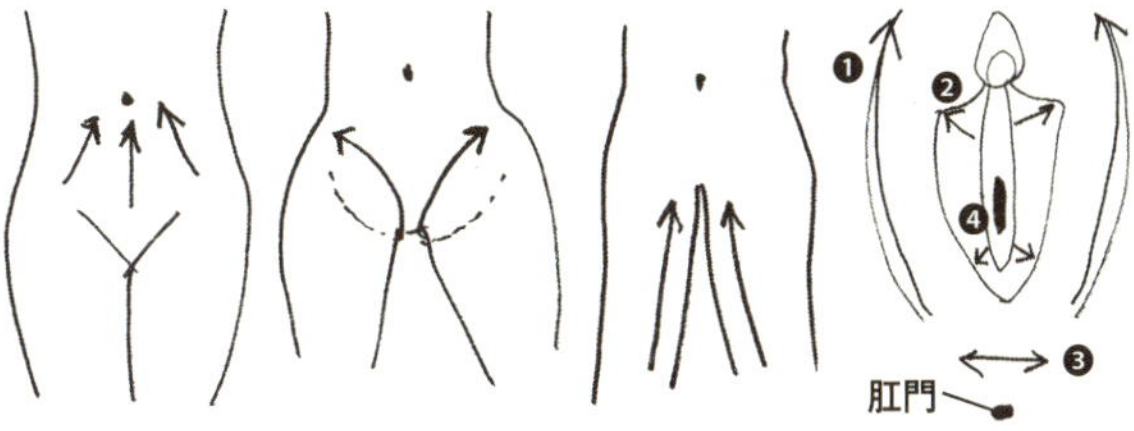

ジをする文化は、今まで日本人にはありませんでした。

それは寿命や育成環境、文化などの問題が大きいと思います。

かつてはデリケートゾーンのトラブル、特に尿漏れや膀胱脱、子宮脱などに悩まされる年齢以前に亡くなったり、他のもっと重い病気で不自由になられていた方が多かったんですね。

でも今は人生100年時代です。以前のライフスタイルではなく、閉経以降、更年期以降の人生をいかにいい質を守りながら、自分らしい人生を歩むかということが、今の現代の私たちに問われている課題なのです。

潮吹きの真実

女医が教える中高年のためのセックス講座

オルガズムとGスポットと潮吹きを女医が分かりやすく解説

AVでは女性がイク時に派手に潮を吹きます。女性の潮吹きについて詳しく説明します。

女性の潮吹きの発見

潮吹きって何だろうと思ったことはありませんか？

『オルガズムの科学――性的快楽と身体・脳の神秘と謎』（作品社）のバリー・R・コミサリュック博士の定義によると、潮吹きは英語で「Female ejaculation」と呼び、女性の尿道から、尿とは成分が異なる液体が3～5cc ほど噴出することだとされています。アダルトビデオのようにピュッピュッと噴出するものではなく、わずかティースプーン1杯程度の液体だというのです。

潮吹きに関して、「Gスポット」の語源となった、グレフェンベルグ博士（ドイツの産婦人科医）の研究報告を紹介します。

1950年、博士により、膣の数センチ奥の上壁を刺激してオルガズムに達すると、女性は膣口から体液を射精し、人によっては10センチほど飛ぶことがあると報告されまし

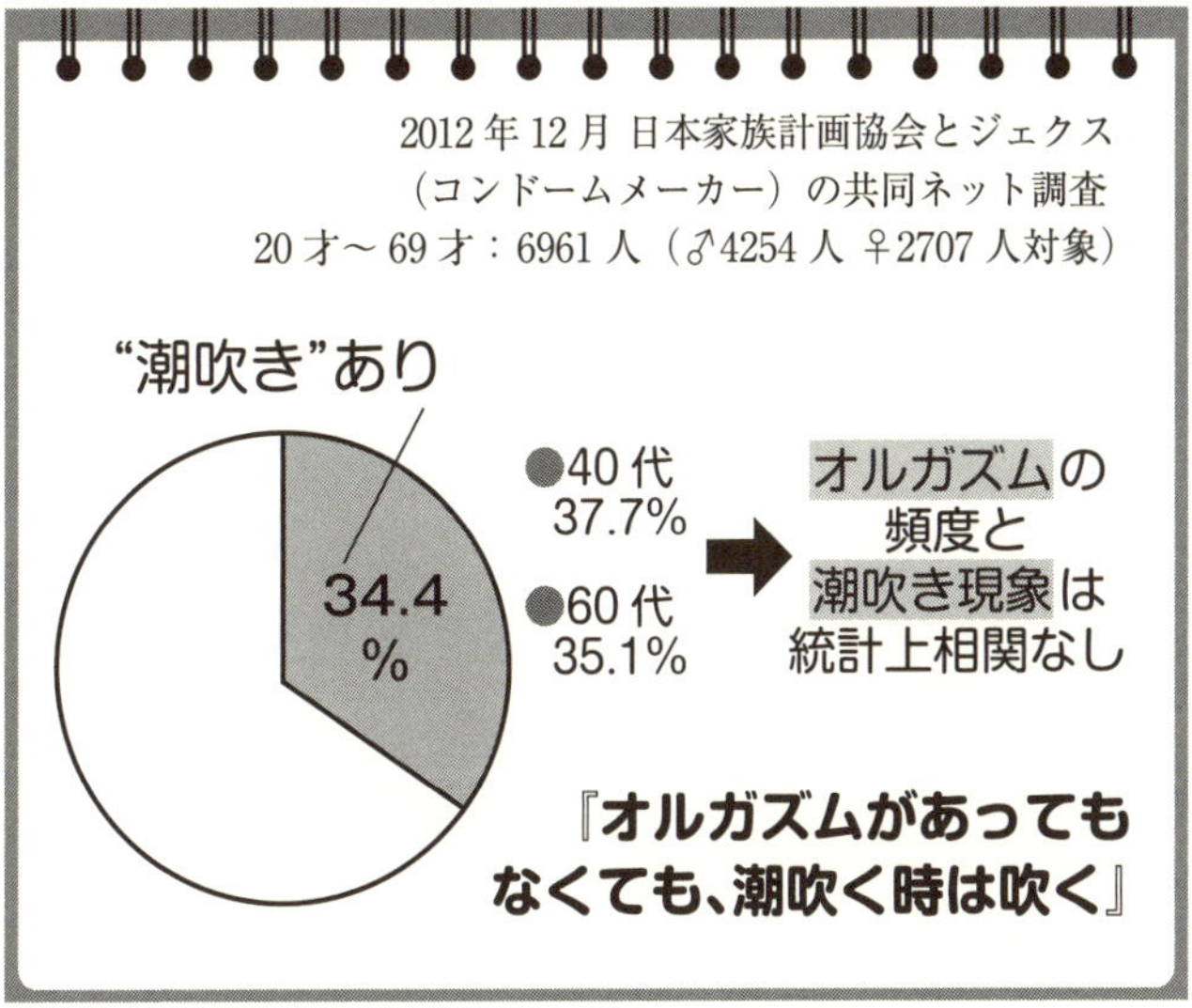

2012年12月 日本家族計画協会とジェクス
（コンドームメーカー）の共同ネット調査
20才～69才：6961人（♂4254人 ♀2707人対象）

た。これが今考えられている潮吹きに関する最初の著述だと言われています。

ちなみにＧスポットという言葉は、グレフェンベルグ博士自身が名付け親ではありません。１９８０年代にアメリカ合衆国で性科学が早急な進化を遂げている時に、ビバリー・ウィップル博士がグレフェンベルグ博士の歴史的発見に注目し、尊敬の念を込めて「Ｇスポット」と名付けました。そして、１９８０年代以降、ジョン・ペリー博士とウィップル博士らはこの潮吹きの現象について数多くの研究をし、女性はＧスポットを刺激されると、骨盤神経も刺激を受け、オルガズムを感じると、尿道から潮吹きをすることがあると報告しています。

グレフェンベルグ博士は膣口からと報告していましたが、解剖学的にも進んだ1980年代の頃より尿道からという言葉に変わり、潮は尿道から出るというイメージに変わりました。

潮吹きはオルガズムと無関係

しかし、時代が進み、Gスポットの位置に個人差があることや、潮の成分を分析するにあたり、当初グレフェンベルグ先生が提唱した女性の射精という単語がいいのではないか、そしてオルガズムと潮を吹くのはイコールではない、と考えられるようになっていきます。

潮吹きはどういう現象かというと、女性の尿道の近傍にあるスキーン腺に溜まった体液＝潮が放出される現象だと考えられていきます。スキーン腺というのは通常は5ccほどの容量ですが、性的な興奮や刺激が続くとさらに溜まり最大容量は100ccほどになるとも言われています。

男性には精のうのような液を溜める袋状の臓器がありますが、女性にはありません。だからスキーン腺から分泌される潮に関しては、噴出するというよりは溢れ出すという表現が近いのです。

汗と近い成分で、前立腺液と同じような酵素も発見されている、そんな液体がスキーン腺出口、外尿道口の近くにあり、そこから放出されるのが女性の射精だと考えられていきます。潮吹きに関して、事実とは異なるイメージが広まっているのは、スキーン腺もGスポットも女性によって形状や感じ方にかなりバラつきがあり、愛撫する男性のテクニックなどの個人差も影響があるためと思われます。中にはスキーン腺がない女性もいます。

ただAVの中の潮吹きは、噴出量とか、噴出角度とか、噴出時間などから考えると、明らかに尿や、その他の演出だと思われます。

さて、日本人がどのくらいの頻度で潮を吹くのかという有名な研究報告があります。

２０１２年の12月、日本家族計画協会とコンドームメーカーが行った共同ネット調査によれば、20歳から69歳の女性２７０７人に潮吹きの経験はあるかと質問したところ、40代で37・７パーセント、60代でも35・１パーセントの人が経験ありと答えました。全体では、大体34・４パーセント、３人に１人の方が経験があると答えたのです。

ここからがポイントで、この研究結果によって、オルガズムの頻度と潮吹き現象の統計上の相関関係はないと分かったのです。

たとえオルガズムはなくても、潮を吹く時は吹くという衝撃の結果が出ています。

潮を吹くまで頑張らないと、オルガズムに到達してないのではないかというのが間違った認識であると分かります。

潮とオルガズムは関係がないのです。

彼女がアナルセックスを好きなワケ
性交痛外来 女医が教える ～性癖を支配する～

女医が教える
中高年のためのセックス講座

アナルセックスが好きな女性がいます。それはなぜなのか？ 解剖学的に説明します。

まずは神経から見てみましょう

アナルセックスが好きな女性について考えましょう。

堂々と言えないけれども、アナルが気持ちいい、好きだという女性はいます。性交は男女2人の密約なのでタブーはありません。2人がお互いにアナルセックスをしたいと思っていて、パートナーの同意が取れれば、それでOKです。

人間がオルガズムを感じる時、最も大切な神経の一つはC線維です。C線維は愛撫専用の神経と言っていいでしょう。この感覚神経は細くて伝達速度も遅いけれど、脳の感覚にじわりと効いていく神経です。

皮膚のC線維タイプの感覚神経というのは、内臓の迷走神経や胸部、腹部、子宮、膣に分布しています。迷走神経というのは脳からダイレクトにつながる脳神経の一つです。胸とか下腹部、陰部からの刺激はすべて脊髄

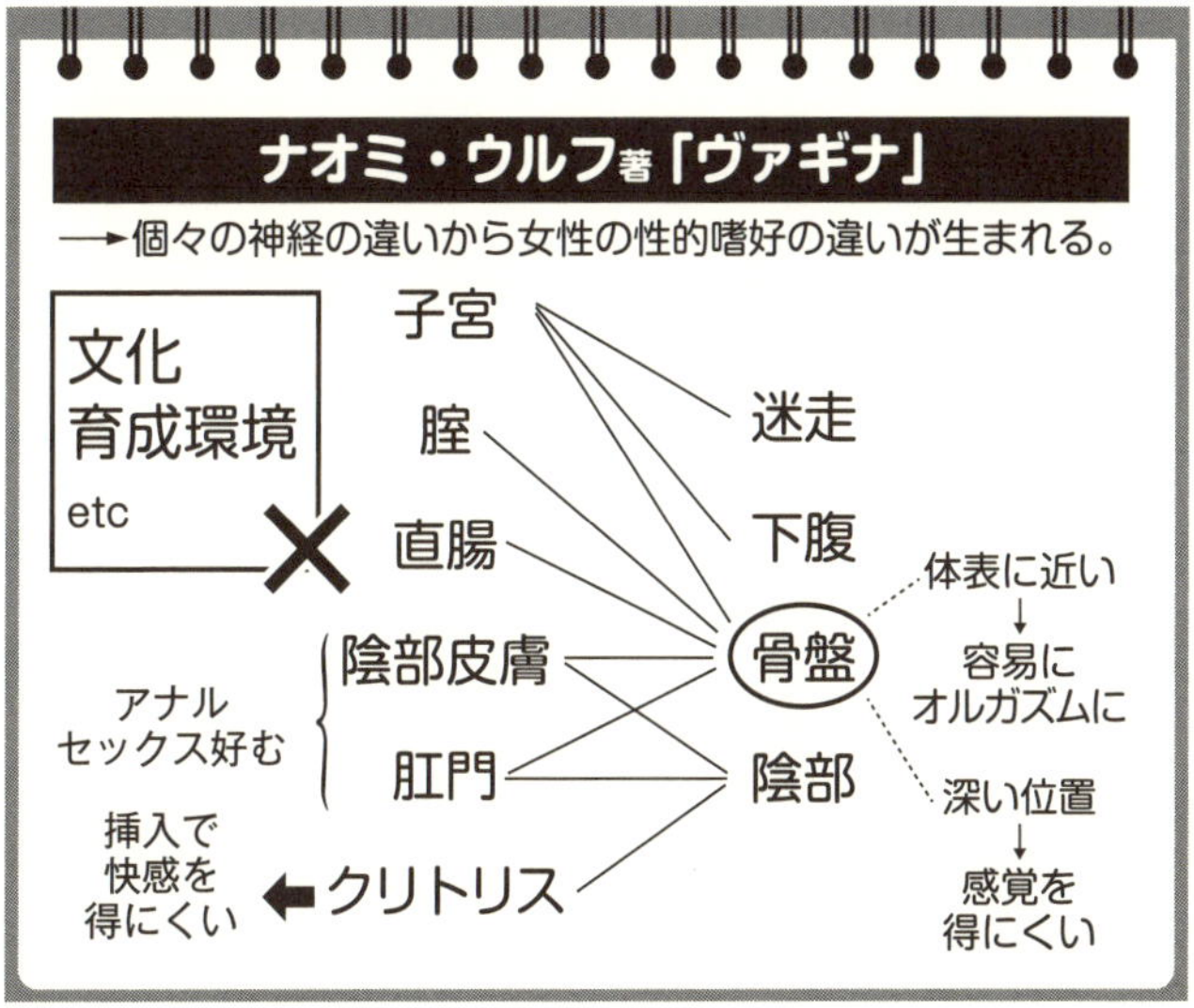

を介して、脳に伝わります。性的刺激は、脊髄を通り、脳の視床下部から司令が出て、オキシトシンが分泌し、快感とか気持ちよさ、愛情などを感じます。

だから、セックスの時に感覚神経をいかに刺激して、適度にオルガズムに導けるかは、C線維をいかに攻めるかによります。C線維が働く気持ちいい刺激で脳を支配することで、相手の快楽、オルガズムに導く引き金が引けるかどうかが性交の鍵となってきます。

肛門付近に神経が集中している

そして、アナルです。

女性のクリトリスや膣、肛門のエリアには陰部神経という、お尻のところの仙髄から出てくる脊髄神経の枝があります。子宮頸部や膣、直腸などには骨盤神経の枝が生え、子宮頸部には、さらに下腹神経と、脳にダイレクトに伝える内臓の迷走神経の枝も来ています。これが女性の主な下腹部性感帯の神経の配置です。男性と比較すると、より多くの神経が下半身を支配しています。

人のそれぞれの体は、他の人とも違うし、自分の体の中でも左右対称ではなかったり神経や筋肉の癖があったりと様々な癖を持っています。

神経終末の分布にも個人差があり、同じ陰部神経であっても小陰唇、クリトリス、肛門のどこに多く分布しているかも違いがあります。この神経が多く集約している場所の違いによって、性癖にも違いが出てくる可能性があるのです。また骨盤神経の分布が、陰部の皮膚や肛門周辺にリッチにある女性は、アナルセックスを好むかもしれません。

一方で、一般的にはクリトリスに陰部神経の配合が多いけれども、生まれつき肛門や陰部の皮膚に陰部神経が多くあり、密度が濃い女性なら、肛門刺激を好む可能性はあります。

もう一つ、女性によって感度がいいとか、反対に触っても反応がイマイチみたいな場合もありますよね。

快感の表現方法は人それぞれですが、反応のいい女性と反応が鈍い女性という個人差がありえます。

その個体差は感覚神経が皮膚のいわゆる深

部、深いところを通っているとか、神経密度の差、体表に多くの神経終末が通っているなどで変わる可能性があります。

当然、体表近く、皮膚の浅層に神経密度が濃く走行している女性のほうが感度はいいでしょう。

反対に、深い位置で神経終末が終わっている女性は、感度を得にくいので開発にはパートナーの協力が必要になってきます。性反応の違いや個人差は、神経がどう巡っているかで変わってくるわけです。

生まれた時にもう差がある。しかも、成人してからの経験にも大きな個人差がある。だから、どうしてこっちの人は、僕が同じようにやっても、感じにくいんだろう？　反対に、どうしてこの人とはこんなに体の相性がいいんだろう？　と思うかもしれませんが、それは最初から決まっているのかもしれません。

元々の神経解剖学的な差異のほかに、性交の時の快感の表現の方法は、生まれ育った文化的な背景や育成環境、性的な経験も関わってきます。

だから、女性の快感の表現方法、性癖は人それぞれ異なってくるわけです。

乳首攻略法

乳首感覚神経受容体からオルガズムに導く

女医が教える
中高年のためのセックス講座

無駄な動きをしても女性は感じません。おっぱいを攻めるにはどうすべきか、解説をします。

おっぱいはどう攻略するのか？

みなさんは女性のおっぱいは好きでしょうか？　おっぱいは大変に優れた性感帯です。しかし、正しいおっぱいの攻略法を知らないと、せっかくの性感帯を生かすことができません。今回は、おっぱい、つまり、乳房、乳首の攻略法について分かりやすくお伝えしましょう。

強い性感帯であるおっぱいを攻めるためには、女性は神経的にどんなふうに感じているかを考える必要があります。

女性が感じるかどうかは女性の脳が決めます。さらに触覚、知覚、それを識別する力、それらは部位によって個人差があります。

まずは基本的な2点弁別閾《べんべついき》を知りましょう。2点弁別とは体の空間的な感度を測る方法です。目隠しをして、体のどこかを2本の針先でツンツン押してみます。実際は2本で刺激しているのですが、ぴったりくっつけた

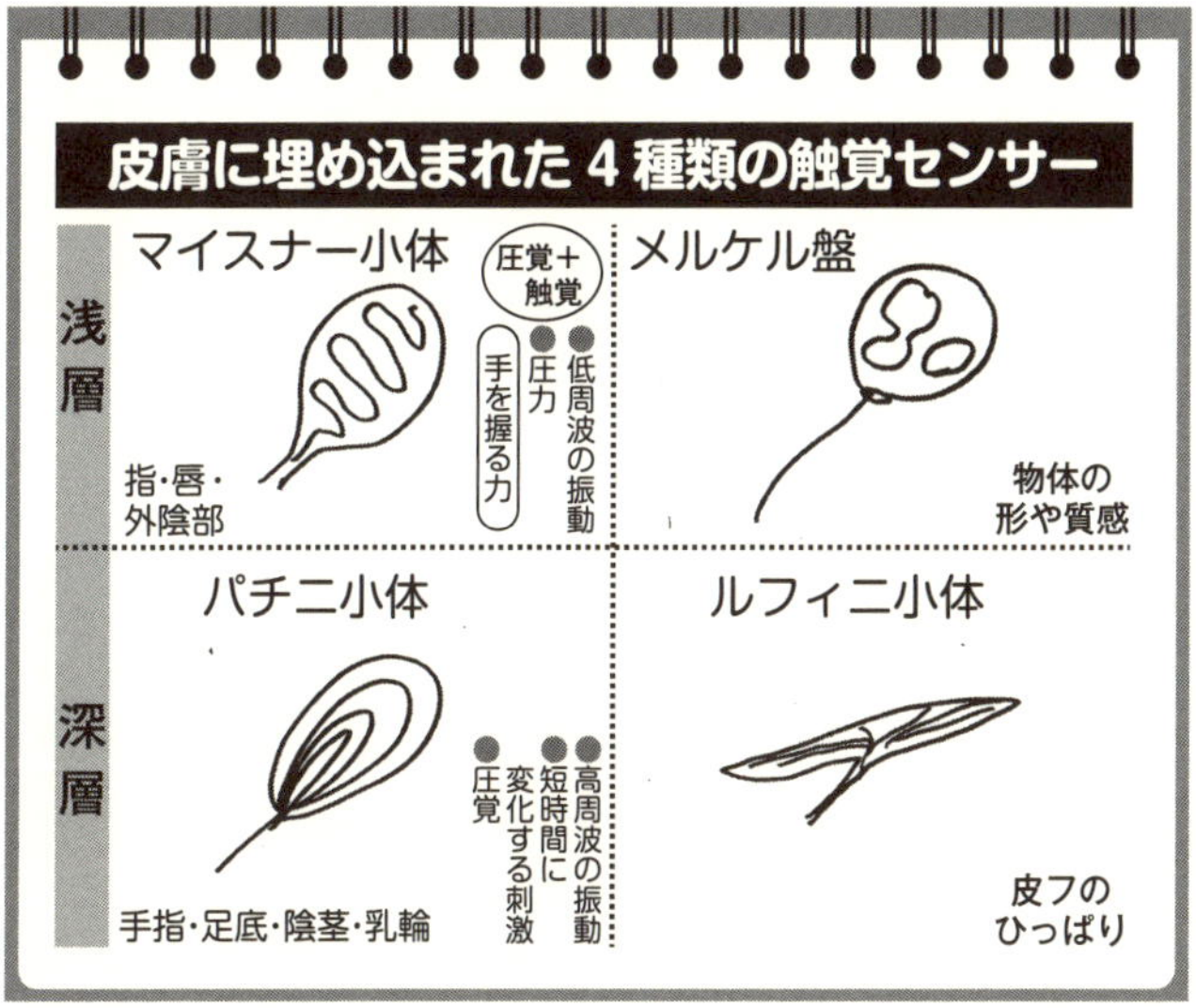

針を本人は1本に感じています。針を少しずつ離してそれが2本だと分かった時の針の2本の距離によって、皮膚の触力、触る力を測定します。識別距離が短いほど、触覚の認識が優れていると考えます。

人によって差はありますが、おっぱいの識別距離は上腕とか背中とあまり変わりません。乳房の皮膚は触力、触られる力を識別する能力は優れているとは言えないのです。

圧力はどうでしょうか。みなさん、女性のおっぱいに触れたり、揉んだりしますね。その時に重要なのは圧力閾《いき》といって、圧力をかけて知覚できる最小の大きさです。軽く触れただけだと分からないけれども、ぐっと押した時に分かる感覚です。手指は触覚に優れていますが、圧力の最小の大きさを知覚できる能力は発達していません。反対に、顔周りは軽くソフトにタッチしただけでもすごく識別ができます。一方、乳首は極めて敏感なのですが、乳房は圧力を感じる能力もあまり高くありません。

女性の乳房を支配するのは、脊髄の胸髄、第4胸髄です。乳首の高さが第4胸髄で、そのトップ辺りが胸髄の2番、3番、4番、5番、そして下縁の箇所が6番になります。

乳輪にはパチニ小体がある

肋骨の第4肋間神経は脊髄から伸びて、乳輪から先に向かって非常に細かく神経が分布しています。

体の皮膚には角質層があって、基底層と呼ばれる細胞をいっぱいつくる層があります。皮膚表面からそこまでが表皮です。表皮の下には真皮があって、真皮の下は、脂肪組織がたくさんある皮下組織になります。そして、皮下組織の下には筋肉が走る筋層があります。

みなさんが皮膚を触った刺激は、どのように脳に伝わるかというと、皮膚から感覚神経へ、さらに脊髄から脳に伝わっていきます。

人間の皮膚には、あらかじめセンサー組織が組み込まれて、いろいろな触覚、つまり、触られたことを脳に伝える働きがあります。

皮膚には埋め込まれている4つのセンサーがあります。皮膚の浅い部位に2種類、深いところに2種類です。

浅いところにあるセンサーがマイスナー小体です。圧覚、圧力と触覚を脳に伝える特殊センサーになります。マイスナー小体は他には指、唇、外陰部などに多数あります。特殊触覚センサーがたくさんあることによって、圧力刺激や、軽く触れる触覚もビンビンに感じるようにできています。

マイスナー小体が皮膚の浅い箇所に仕込まれているから、外陰部は軽い刺激でも感じやすいのです。

そして、皮膚の深いところにはパチニ小体があります。

これは高周波の振動や短時間に変化する刺激、圧覚を脳に伝える特殊センサーです。

パチニ小体が豊富にあるのは手指、足の底、陰茎、ペニス、乳輪など、性感帯と呼ばれる箇所です。

だから、パチニ小体がある器官を刺激すれば、ビンビン、バンバンと快感や刺激が脳に伝わります。

乳輪にはパチニ小体が発達していて、たくさんあります。

だから「どんな刺激がいいの？」と言えば「高周波の振動」。つまり、短時間に変化する刺激がいいのです。つまり、乳首は、素早く振動して、短時間のソフトなタッチによく反応するということです。

セックスの時に、この解剖学的な知識を活用しない手はありません。

クンニで女を溶かす♥クリトリスは亀頭よりも気持ちいいワケ♥

女医が教える中高年のためのセックス講座

クンニをしない男性が多いと言われています。なぜするべきかを分かりやすくお話します。

クリトリスとペニスの関係

あなたは、どんな前戯をパートナーに求めているでしょうか。

前戯にはたくさんの調査報告があります。インターネット調査で、必ず上位に食い込んでくる「相手にしてほしい前戯」は、男性側からはフェラチオ、女性側からはクンニリングスです。

フェラチオは男性性器を女性の唇や舌で刺激する前戯です。クンニリングスは女性の性器および性器周辺を舌で刺激します。しかし、日本人401人を対象とした調査で「フェラチオに自信がない」と答えた女性は82パーセントもいました。

自信がないとか、分からないとか、「して」と求められるから頑張るけれどどこれでいいのかと不安を抱えている、という意見が多いのです。フェラチオは7人中6人の女性が苦手意識を持っています。

クンニリングスは男性が女性性器を舐める行為です。しかし、男性の前戯がおざなりで、女性が望んでいても十分なクンニリングスが行われていないという結果が出ています。男女とも、前戯に関してはお互い、希望と現実のギャップが大きくなっています。

確かにセックスは性欲のぶつかり合いではあるけれども、より深く幸せなセックスをするためには相手のニーズを深く知ること、理解することが第一歩になります。

どうして「フェラは苦手です」という女性が8割を超えるのか、男性がクンニリングスをしなくて早く挿入をしてしまうのか。

クリトリスとペニスの関係を知れば、どんな男性もクンニが上手になるでしょう。

クリトリスは海綿体を凝縮したもの

神経解剖学的にも発生学的にも男性のペニス＝陰茎と、女性のクリトリス＝陰核はほぼ同じ構造です。

だから自分がクンニをするクリトリスを見たら、自分のペニスをイメージするのが一番簡単です。しかし、クリトリスの先は、おおよそ5ミリから1センチくらい。男性の亀頭とは大きさがかなり違っています。

クリトリスのほうが小さいので、神経の密集度はその分、集約されています。1回当たりの舌舐めに対する面積当たりの刺激できる神経の束は、亀頭よりも著しく大きいのです。

クリトリスに極めて神経が集約していると分かれば、女性がクンニで得られる快感が男性が想像している以上に大きいことが理解できます。簡単に言えば、亀頭を刺激されている以上に快感が大きいのです。

男性の場合は「フェラチオしてほしい」という時、女性が舐める面積はたくさんあります。メインが亀頭の周辺、そして陰茎亀頭からペニスの本体、そして、場合によっては陰のうの裏などを舐めます。

ペニス本体部分を支えるのは陰茎海綿体です。陰茎海綿体と尿道海綿体の2種類があります。

海綿体にはC線維と呼ばれる細い感覚神経の束が網の目のように走っています。陰部神経の枝、陰茎背神経が網状にこの海綿体を覆うようになっていて、神経的に快感を起こしやすい臓器になっています。

男性の海綿体の構造が分かれば、女性の小さな面積のクリトリスに対し、男性が何をするべきかが分かるでしょう。

みなさん、クリトリスは体表の尿道の上に小さく5ミリから1センチぐらいの大きさで、突出した豆のような組織だと思っていないでしょうか。

突出する豆の部分はクリトリスのごく一部です。実際のクリトリスは皮膚の下に尿道、腟を取り囲むように分岐する、大きな臓器です。そして左右のクリトリスの前庭球、この分岐部の内側に尿道や腟があります。

女性の陰核(クリトリス)も海綿体であり、お互いの"イイ気持ち"が理解しやすい

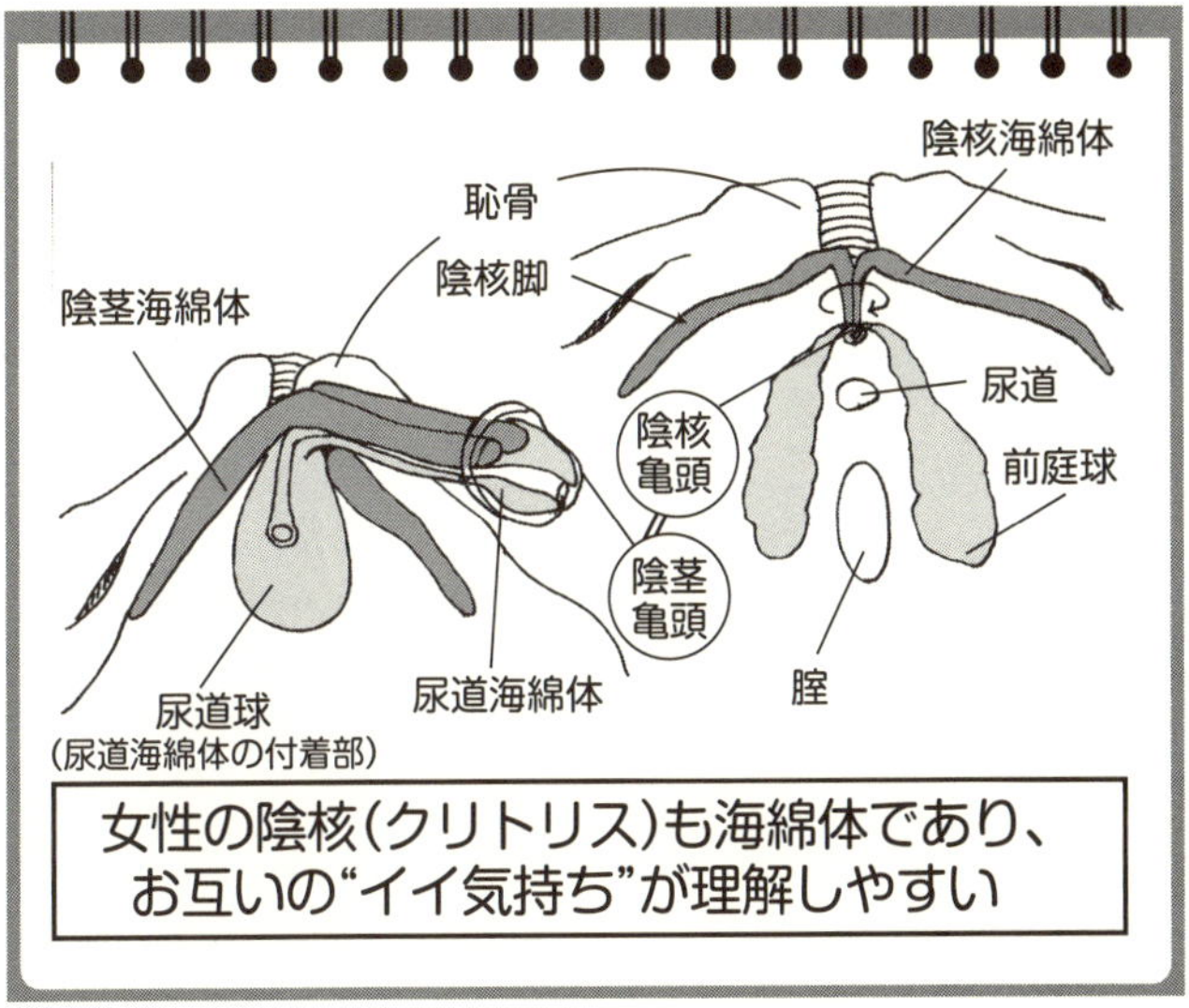

ペニスの茎から亀頭までの大きさがありますが、対して、女性のクリトリスは一部分だけが、小さく体の外に出ているだけです。クリトリスは刺激したらすぐに感じやすい数少ない臓器です。豆みたいに出ている部分を刺激することがどれ程重要であることが分かってもらえたでしょうか。

久しぶりのセックスに燃えたい 身をよじりたい…感じる！ 濡れる！ イける！

女医が教える 中高年のためのセックス講座

人間の体は使わないと劣化します。膣も同じ。久しぶりのセックスのための心得です。

セックスをしないと膣は……

セカンドバージンというのは、久しくセックスをしておらず、次のセックスに臨む前に不安やプレッシャーを抱く大人の女性のことを指します。

どのくらい期間が空いたらセカンドバージンという明確な定義はまだありません。今回は分かりやすく1年間セックスしていないと心や体がどうなってしまうのか、その対策についてお話ししていきましょう。

セックスなんていつでもできると思いがちです。しかし、加齢によってシミやシワが増えたり、筋力や骨が弱ってくるように、性機能も劣化していきます。

膣は使わないと萎縮していきます。運動していないと股関節や膝関節、腰の関節が固くなり、皮膚や粘膜、組織は柔軟性が失われ、固くゴワゴワしていきます。デリケートゾーンのケアをしていないと、伸展性が失われ、挿入時に痛みを感じやすくなります。

更年期は、女性は大体40代半ばから始まり、女性ホルモンが急激に低下していく期間です。女性ホルモンは主にエストロゲンで、その中の主要成分のエストラジオールが低下してくることで、腟の善玉菌が減少します。結果、別に不潔にしているわけでなくとも、ツンとした嫌なニオイを発するようになるのです。

また、コラーゲンが減少して腟壁が薄くなれば、腟の分泌力も低下し、濡れにくく擦れやすく傷つきやすくなります。乾燥、出血など、性交痛という痛みを感じやすくなるのです。

久しぶりのセックスに臨む時は、心を整え

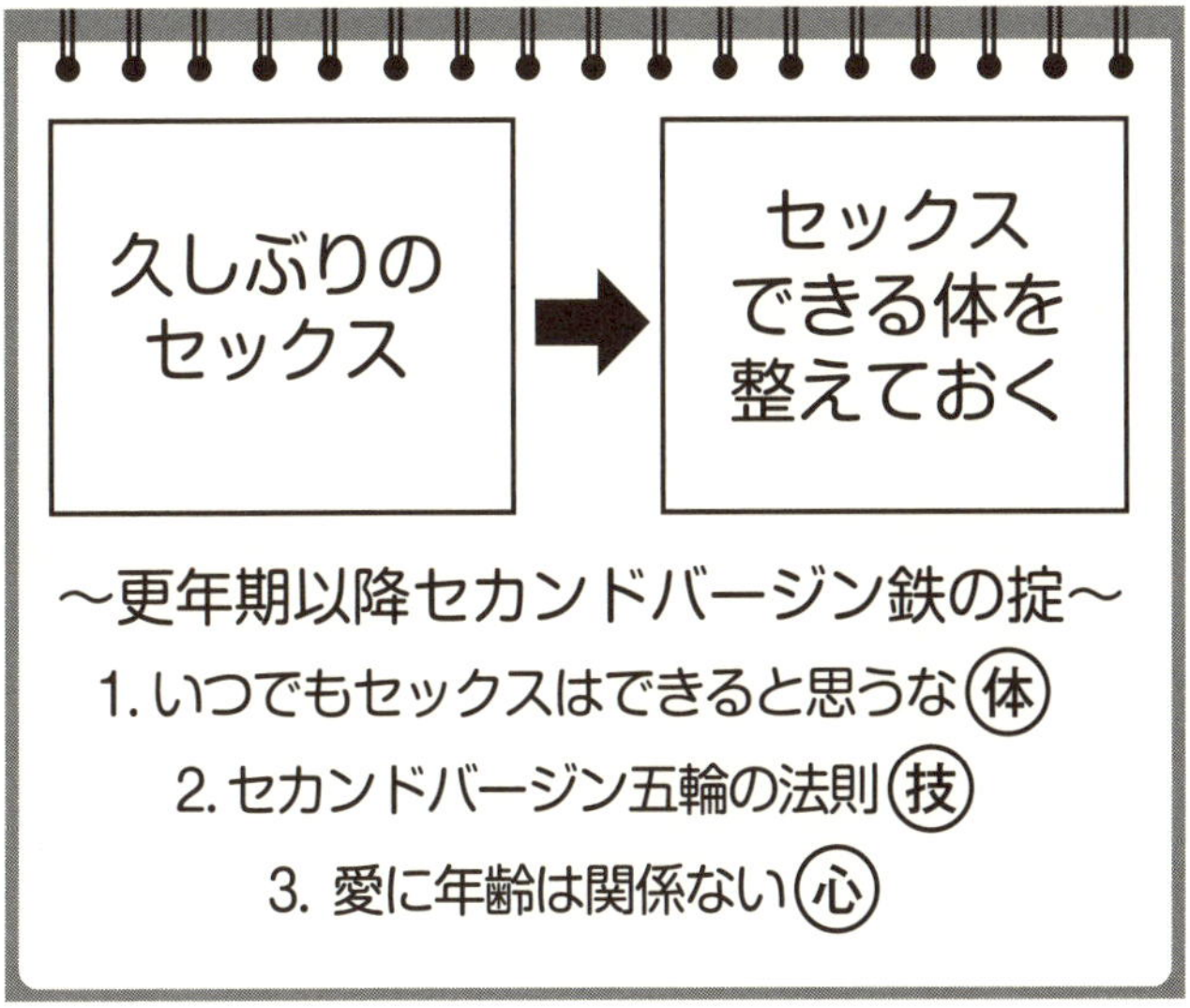
久しぶりのセックス
セックスできる体を整えておく
～更年期以降セカンドバージン鉄の掟～
1. いつでもセックスはできると思うな 体
2. セカンドバージン五輪の法則 技
3. 愛に年齢は関係ない 心

るだけではなく、体も整えておくのが大人の身だしなみです。心技体すべてが大切なのです。

女性ホルモンの補給とマッサージ

まず、体からお話ししましょう。使わなければ劣化するのが体の基本です。

女性ホルモンが低下するのであれば、女性ホルモンの主要活性物質エストラジオールを補給しましょう。善玉菌が減少してクサイと思われないために、乳酸桿菌もしっかり補給し、膣の中を潤します。

血流が低下しないようマッサージをし組織の柔軟性も保っておきます。顔に化粧水を塗ってお手入れをするような感じで毎日やってください。

第30回日本性機能学会西部総会では、更年期13名の女性にDr．ESTRAのゴールドラベルを使用して8週間マッサージをしてもらった報告が発表されています。

Dr．ESTRAはエストラジオールが入っている美容液です。エストラジオールをDr．ESTRAで補充したところ、わずか8週間でこれまでのニオイの数値が半減しました。

さらに性交痛の痛みも半分になり、非常にセックスを楽しめるようになったと多くの女性が回答しています。エストロゲンが減ってくると、潤いがなくなり、乾燥してかゆみに変わってきますが、これも8週間で半減しました。

Ｄｒ．ＥＳＴＲＡを使ったマッサージは、小陰唇、大陰唇を、下から上に、下から上に、神経と血管の流れに沿ったように塗り込みます。

　これにより干からびていたエリア、デリケートゾーンを若返らせていきます。

最後に心技体の心です。愛に年齢は関係がありません。セックスというのは、肯定的で人生を前向きに捉える力です。

　なぜなら性は誰にも侵されないもの、自分自身、自分だけのものだからです。性を否定することは、自分自身を否定することにつながります。

　高齢者になったからといって、自分自身を否定してはいけません。自分が自分らしく生きるために、性は切り離せないのです。

　人生は、自分自身を愛することから始まるのです。

　お互いのセックスしたいという気持ちに対して、思いやり、臨機応変に行動できることが健全な性の在り方です。それが私たちが生きるということであり、人間の三大欲求の性を貫くということなのです。

「名器」の作り方～数の子天井、たこツボ、ミミズ千匹も♡
膣育（チツイク）で、どんどん締まる！

女医が教える 中高年のためのセックス講座

名器である基本は、骨盤底筋が緩んでいないこと。
骨盤底筋の緩みは日常生活にもマイナスです。

骨盤底筋の緩みをチェック

数の子天井、たこツボ、ミミズ千匹……。男性を虜《とりこ》にする名器に憧れませんか？

男性の勃起力も同じですが、どんな名器も、基本は「骨盤底筋が緩んでいないこと」です。

骨盤底筋の緩みはセックスにおいてのみマイナスなのではありません。女性の健康的な生活においてもかなり大きなダメージとなります。

まず、「あなたの骨盤底筋がどのくらい低下しているか？」をチェックしてみましょう。

次の7つの質問項目のうち、3つ以上が当てはまれば、あなたの骨盤底筋は緩んでいます。

①おしっこしたばかりなのにまたすぐにトイレに行きたくなる。
②重いものを持ち上げたり、くしゃみ、咳をしたりすると、尿漏れしてしまう。
③20代より体重が10キロ以上増えた。

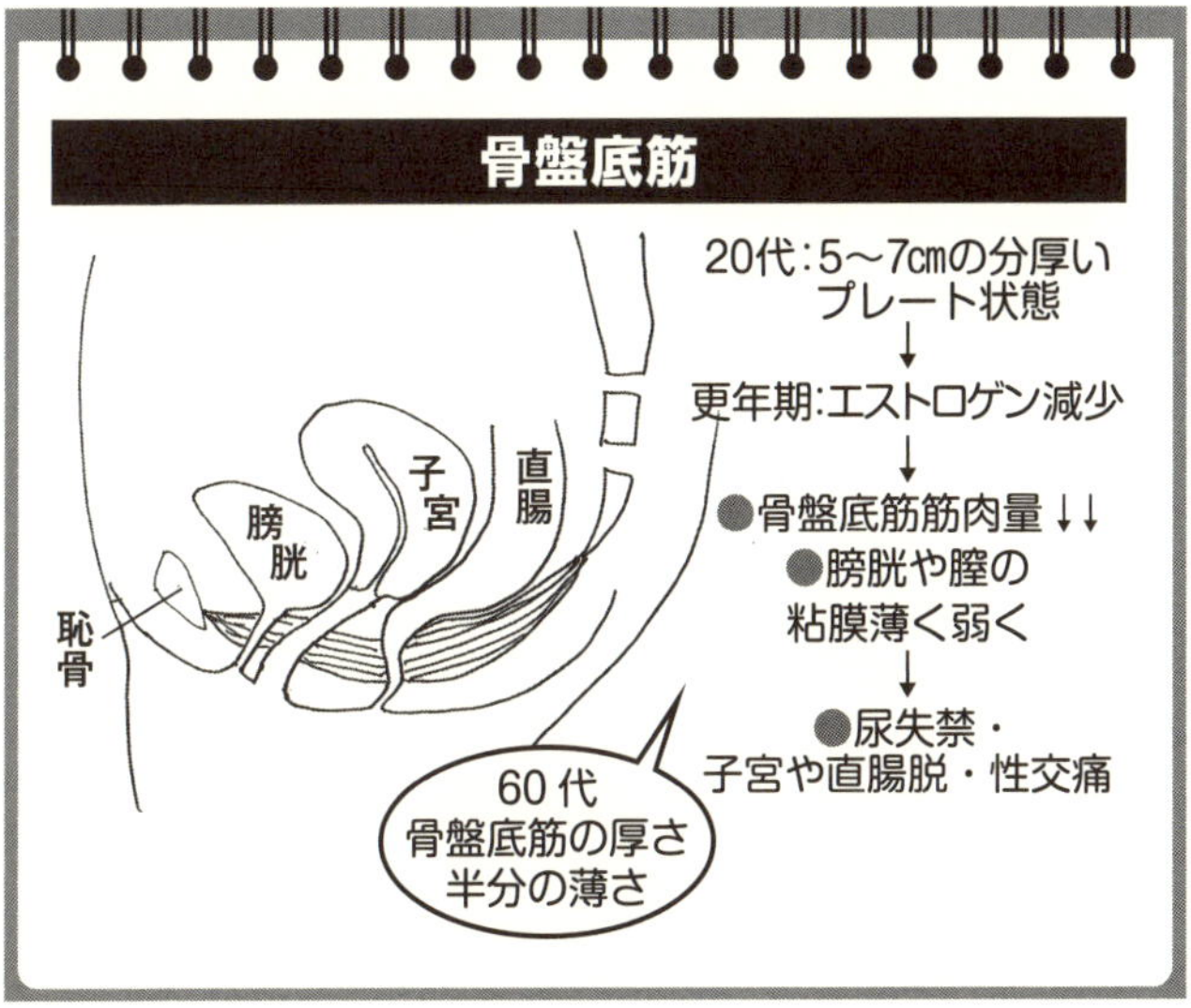

④３５００グラム以上のお子さんを経膣分娩した経験がある。
⑤２回以上経膣分娩した。
⑥初産の年齢が35歳以上だった。
⑦運動習慣がない。

いかがでしたでしょうか？

確かに骨盤底筋の緩みは女性ホルモンの減少が原因ですが、生活習慣も大きな影響を与えています。

骨盤底筋を緩める生活習慣の代表的なものは次の通りです。

①ハイウエスト、もしくは、ガッチガチのガッチリハードガードルが好きで常用している。
②便秘気味で長時間息《いき》む癖のある人。
③ガーデニングや草むしりなど、長時間しゃ

がみ込んだ姿勢を取る習慣がある人。
④椅子に座っていると、自然と膝頭が拳3個分以上開いてしまう人。
⑤重い商品や荷物を繰り返し運ぶ習慣があったり、お仕事をされている人。
⑥お肉やお魚が苦手な人。

こういう生活習慣がある方は、女性ホルモンの低下に加えて、骨盤底筋を加速度的に弱めてしまうと考えられています。

しかし、これらは変えられる習慣です。たとえば、お子さんを2人以上産んでいるという事実は変えようがないことなのですが、これらの習慣は変えられます。努力や工夫で健康的な体を取り戻すことができるのです。

骨盤底筋が緩むと大変！

さて、大切なことですから、骨盤底筋に関して、復習しておきましょう。

骨盤底筋は、自転車に乗った時にサドルが当たっているところになります。単一の筋肉ではなく、複合的にいろいろな筋肉が重なっている部位で、これらを総称して、骨盤底筋と呼びます。

骨盤底筋は、股の付け根のちょうど真ん中にある恥骨のところ、お尻側の骨の仙骨と尾骨の間にあります。ハンモックのように、膀胱、子宮、直腸という内臓が重力によって下に落ちないように支えています。

更年期になり、エストロゲンが減少してく

ると、腕や足の筋肉が衰えるのと同じで、骨盤底筋も薄くなり弱ってきます。

その結果、内臓の重さに負けて、垂れ下がってくると、臓器としての不具合を起こしてきます。

尿失禁を起こしたり、ひどくなると、子宮脱や膀胱脱を起こします。

子宮が下に落ちてきて、粘膜も薄くなりますから、性交痛も起こりやすくなります。

更年期以降に多いのは、お湯漏れです。これは入浴中に膣の入口が緩み、膣の中にお湯が入ってしい、湯船から出て、体を洗っている時に、お湯が膣から漏れ出る現象です。

さらに、便秘やうんち漏れの原因にもなります。

たとえ、若い頃に名器であった女性も、骨盤底筋の筋力低下とともに、膣がユルユルになってしまうのです。

百害あって一利なしの骨盤底筋の緩みを少なくするトレーニングとしては本書でも紹介している「ケーゲル体操」「ラブコア」があります。

久しぶりのセックスで痛くて入らなかったら『ローション3分割法』と『今すぐダイレーター生活』で性生活復活

女医が教える
中高年のためのセックス講座

久しぶりのセックスをする男女のために、それぞれができる努力などについて解説します。

大人のローション活用法

「彼のペニスが痛くて入りにくくなりました」「久しぶりのセックスの時、痛くて入りませんでした」「女性が挿入時に痛がるので、気が引けてセックスができません」。

更年期以降の女性が性交痛を起こすケースがよくあります。性交痛に関してはローションの使い方が大変に重要になってきます。

ローションの使い方のポイントは、①**挿入前** ②**挿入中** ③**挿入後**、の3段階です。

「私はよく濡れるから、そんな心配は必要ないわ」とおっしゃる女性もぜひお読みになってください。

女性なら、体調によって濡れ方が変わるのはご存知ですよね。また若い女性でも、月経周期により、濡れ方が変わります。これはエストロゲンの量の上下によるもので、ごく自然な現象です。

久しぶりのセックスに臨まれる方にはロー

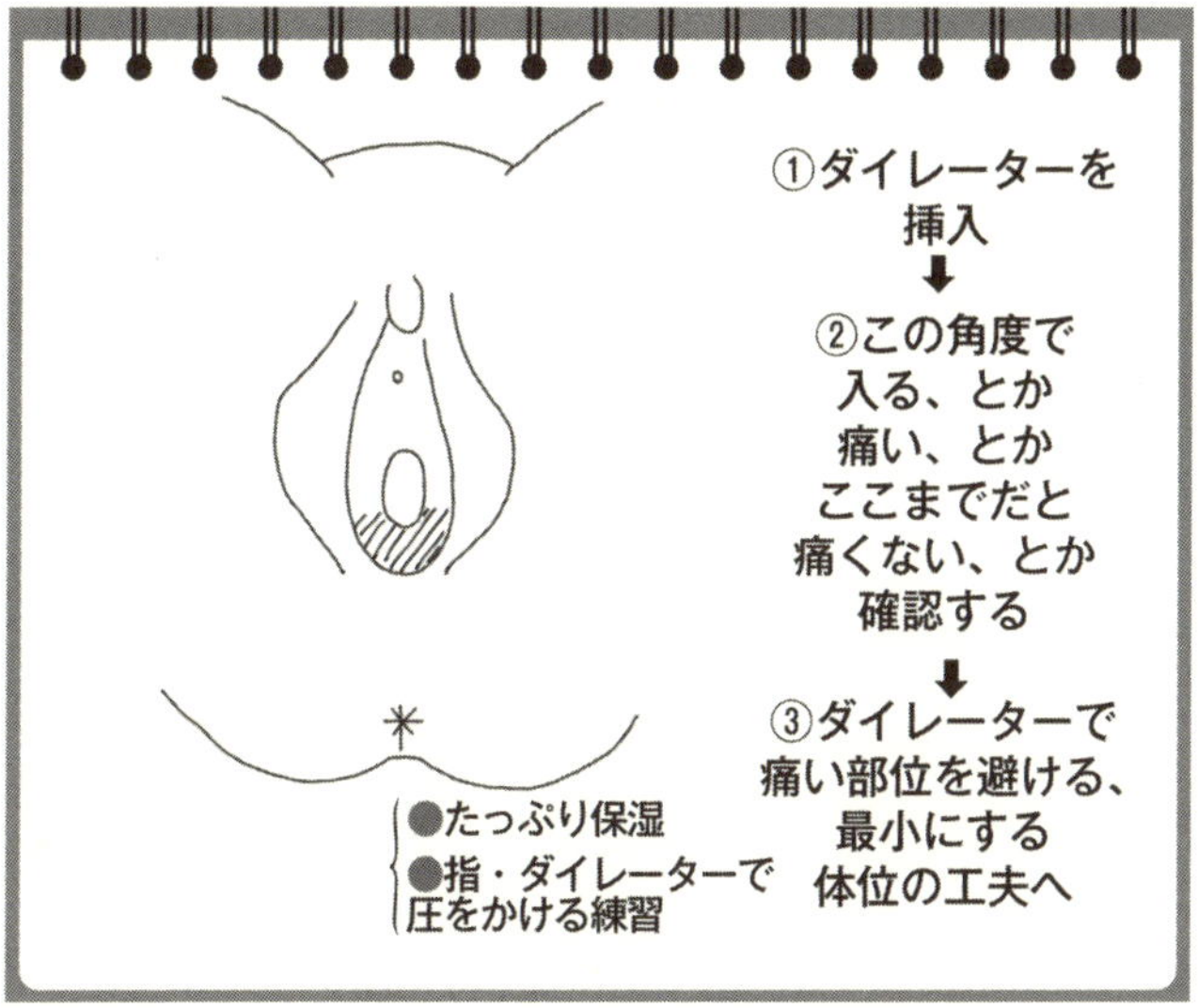

ションは強力な武器です。

それではその効果的な使用法について解説します。

①挿入の前からローションはたっぷりと使いましょう。

具体的には、パール粒3個分ぐらいを手に取り、外陰部に大きく塗り拡げておきます。これは歳を取ると皮膚が薄くなるので、摩擦による痛みを取り除くためです。さらにローションをしっかりと膣の中に入れておく必要があります。これはできればパートナーにクンニリングスの際、口移しで膣の中に押し入れてもらうのがよいでしょう。

②挿入中にもローションを継ぎ足しましょう。

久しぶりにセックスをする彼女は痛がる可能性もあります。そのため、ペニスを半分入れた段階で、ローションを接合部に垂らしましょう。

③挿入中にもローションが乾いてきます。だから、「追いローション」が必要です。

挿入して行為をしているあいだにも、上から垂らしてください。

このように、女性を気遣う大人のローション使いは3段階でローションを使います。

ダイレーターセルフトレーニング

さて、次は膣のトレーニングです。大人のお付き合いをしていて、そろそろ彼氏とセックスをしようと考えた時に、膣が狭くなったとか、摩擦が痛い、濡れにくくなっている、という不安が心をよぎることがあります。久しぶりのセックスがちゃんとできるのか、心配になってきます。

その不安をなくすためには、トレーニングが必要です。当院の性交痛外来では、2つの対策を指導しています。

一つはエストラジオールセルフマッサージ、もう一つは、ダイレーターセルフトレーニングです。ダイレーターとは、膣の狭窄《きょうさく》を予防するための器具で、産婦人科や当クリニックのオンライン診療で取り扱っています。

注意点を挙げておきます。

①セルフトレーニングなので、自分自身の

ペースで行ってください。②トレーニング中に炎症を起こしてヒリヒリ痛くなったり、オリモノのニオイや色が変化してきた場合は中止してください。③自分で膣に指やダイレーターを挿れるのに抵抗がある場合は、パートナーにトレーニングを手伝ってもらうのもお薦めです。お互いを理解し合い、２人の関係は密接になると思います。④日々お手入れをしないと性器は劣化します。毎日お顔のお手入れをするようにデリケートゾーンもお手入れをしてください。

膣が萎縮して、膣粘膜が薄くなっているわけですから、ダイレーターの使用前には、ダイレーターに水溶性の潤滑ゼリーを必ず塗ってください。ローションでもかまいません。

そしてベッドの上で、10分以上できるだけ奥にゆっくり挿入してください。ポイントは、ゆったりした気持ちで力を抜くことです。ダイレーターを回転させながらゆっくりと奥へと入れていきます。時には膣圧や呼吸でお腹に力が入ることにより、プルンと飛び出すこともありますが、その際にはもう一度ゆっくりと奥まで入れてください。

ベッドで横になった姿勢でうまく入らない場合は、ヤンキー座りみたいな格好で下から上に押し上げる方法もあります。

終了後はきれいに洗浄。気をつけたいのは、石けんを使った場合は、石けんの成分をしっかりと落とすことです。

もっとイカせて！　奥まで突いて！

～膣の中の性感帯はこうなっている！　ポルチオ性感帯の秘密～

女医が教える
中高年のための
セックス講座

三大性感帯――クリトリス、Gスポット、ポルチオ。
Pスポットの秘密についてお話しします。

Pスポットはどこにあるの？

女性の性感帯といえば、乳首、首筋、耳……とたくさんありますが、やはり一番感度が高いのはクリトリスです。次いで、外陰部の皮膚と言われています。男の人が思っているより、膣の挿入による快感は、それほどダイレクトには女性には響きません。

感覚神経の走行経路や、脳とか脊椎を知ると、その事実がわかります。外ではイケるけど中イキができないとか、もっと彼女を気持ちよくさせたいと思っている人は、女性の三代性感帯、特にポルチオ、Pスポットの知識を身につける必要があります。一般的に外イキはクリトリス刺激です。中イキはGスポット、Pスポット、Aスポットの刺激です。

まずPスポットはどこにあるのでしょうか。女性の内性器は、子宮には左右に卵管が伸びて、その先には卵巣と呼ばれる女性ホルモンを分泌する臓器が左右対称に付いていいま

女性の性感帯比較

	クリトリス	Gスポット	ポルチオ
呼ばれ方	外イキ	中イキ	
神経	外陰部神経	骨盤神経	骨盤神経 下腹部神経 迷走神経
絶頂の深さ	＋	＋＋	＋＋＋

す。

腟口は外陰部にあって、奥に行くと子宮と接合します。腟から外側に向けて突出している子宮腟《ちつ》部のことをポルチオと呼びます。ポルチオのPから取って、Pスポットと呼ぶこともあります。

腟は日本人の平均で8センチから10センチです。腟の前壁に神経が集約している人と、後壁などに分布している人もいます。

また、個人によってバリエーションがありますが、おおむね腟の入り口から2センチ～3センチの前壁に神経の集約しているところがあります。それを発見したグレフェンベルグ博士のGを取って、その部分はGスポットと呼ばれています。

Pスポットはどんな快感か？

ポルチオ性感帯をもう少し詳しく説明します。子宮は多くの場合、前屈、前のほうに少し傾いています。子宮の膣内に突出しているポルチオの前側の壁、前膣円蓋はアンテリオールフォルニクスと呼ばれる箇所で、アンテリオールのAを取ってAスポットと呼ばれています。膣奥の前側にあります。

一方、ポルチオの後ろ側は後膣円蓋、ポステリオールと言って、子宮と膣の結合部周辺をPスポットと言います。ポルチオ性感帯は、突出したポルチオと呼ばれるところと、そしてアンテリオールのAスポットと、ポステリオールのPスポット、この一帯を指します。

女性の三大性感帯は、クリトリス、Gスポット、ポルチオ性感帯です。一般的にクリトリスは外性器なので、クリトリスで絶頂を迎えることを外イキと言います。そして、内性器である膣の奥にあるGスポットや、最も奥にあるポルチオで絶頂を迎えると、中イキになります。中イキでも外イキでも、絶頂を感じられたらいいと私は思っています。しかし、これらの絶頂の質には差が少しあります。その差を司るのは神経の差です。

クリトリスは体表にあって、陰部神経の枝です。少し触るだけでも敏感に感じるように末梢神経が集約しています。感覚神経の最も密度が濃い部位なので、軽く触れられただけでもピンピン感じるようになっています。

Ｇスポットは膣の中なので骨盤神経です。ポルチオは膣に加えて、子宮頸部と子宮体部なので骨盤神経、下腹部神経、迷走神経という、３つの神経が関わってきます。

クリトリスの場合、一つの神経で確かにイキやすいけれども、単一の神経なので絶頂の深さとしては１プラス、そしてＧスポットの骨盤神経が２プラスとすると、ポルチオの場合は特に迷走神経が、脳から直接伸びる脳神経なので、脳に直接刺激を与えます。ダイレクトな刺激なので、絶頂の深さがジーンと深いとされていて、３プラスの絶頂と評価できます。

Ｐスポットは深く突き上げすぎると腹痛の原因になります。また、女性の体の状態（子宮内膜症、子宮筋腫、更年期など）や元々の神経の分布は個人差があるため、相手の反応を見ながら、適切な強さ、速度、角度で刺激することが重要です。

Ｐスポット刺激は、相手の体に配慮し、反応を見ながら行う愛情表現と言えるでしょう。

なぜ女性には更年期があるのか？

女性は45歳から55歳ぐらいで更年期になります。更年期になると、「女は終わり」と言われたり、女性自身も女性ホルモンが激減することで、自律神経失調症状が出やすくなります。でも、女性の活躍は更年期を過ぎてから、なのです。なぜ、更年期を過ぎてからが女性の活躍する時期なの？　と多くの方は思われるかもしれません。それは、女性が更年期になっても長く生き続けることが、人間の生物学的な価値を向上させているからです。

遺伝的な自然淘汰の中では、より多くの子孫を残し、遺伝子を広める。これが原理原則です。

ヒトの女性は、２０１６年の厚生労働省のデータによると、平均寿命が87・１４歳、健康寿命が74・７９歳。閉経が50・6歳です。すると閉経した後で24年間生きることになります。

スケベな熟女
～熟女の魅力がはち切れる！更年期から女は最高！年上彼女の愛し方～

その理由の一つが、子供が親に依存する期間が、他の動物よりも長いことが関係しています。ヒトの場合、一人で生活ができるようになるまで最低15年はかかる。ヒトの女性は閉経することで、自分自身の分娩を停止します。まだパワーが残っている時点で閉経することで、次々世代（孫世代）への育児参加が可能となります。そのほうが、より多くの子孫を生き延びさせることができると、遺伝子に組み込まれたのではないかと推測されます。

また人類学者クリスティン・ホークスがタンザニアの狩猟採集民ハッザ族を調査した研究によると、果実などの食べ物を採取するのは閉経後の女性が一番うまく、しかも経験値が豊富で非常に効率よく取っている、ということが分かりました。つまり、更年期を過ぎた女性は、子孫を残すために非常に大きな貢献をすることができる。そのために人間では女性の寿命が長く、しかも閉経があるということが考えられるのです。

富永喜代（とみなが・きよ）

富永ペインクリニック院長。医学博士。日本麻酔科学会指導医。1993 年より聖隷浜松病院などで麻酔科医として勤務、2万人超の臨床麻酔実績を持つ。2008 年愛媛県松山市に富永ペインクリニックを開業。性交痛外来では1万人のセックスの悩みをオンライン診断する。YouTube『女医 富永喜代の人には言えない痛み相談室』はチャンネル登録者 29.8 万人、総再生回数は 7000 万回超。SNS フォロワーは 44 万人。『おはよう日本』、『ホンマでっか !? TV』などテレビ出演多数。

著書に『女医が教える 死ぬまで「性」を愉しみ尽くす本』（永岡書店）、『女医が教える性のトリセツ』（KADOKAWA）、『女医が導く 60 歳からのセックス』（扶桑社新書）、『女医が導く いちばんやさしいセックス』（扶桑社）など。著者累計 100 万部超。

●写真提供
「ビガー（Vigor）2020」：株式会社 A&HB
ウーマナイザー：Lovehoney Group

●イラスト：富永喜代

女医が教える人生100年時代を生きる
性の悩み相談室

2025 年 5 月 10 日　第 1 刷発行

著　者　富永喜代 © Kiyo Tominaga 2025

発行人　岩尾悟志

発行所　株式会社かや書房

〒 162-0805
東京都新宿区矢来町 113　神楽坂升本ビル 3 F
電話　03-5225-3732（営業部）

印刷・製本　中央精版印刷株式会社

ISBN 978-4-910364-72-8　C0095